中國學術思想 研究輯刊

十五編

林慶彰 主編

第 17 冊

漢宋《孝經》學論考（下）

羅聖堡 著

花木蘭文化出版社

國家圖書館出版品預行編目資料

漢宋《孝經》學論考（下）／羅聖堡 著 — 初版 — 新北市：
花木蘭文化出版社，2013〔民 102〕
目 6+138 面；19×26 公分
（中國學術思想研究輯刊 十五編：第 17 冊）
ISBN：978-986-322-123-4（精裝）
1. 孝經 2. 研究考訂
030.8   102001953

中國學術思想研究輯刊
十五編　第十七冊   ISBN：978-986-322-123-4

漢宋《孝經》學論考（下）

作　　　者　羅聖堡
主　　　編　林慶彰
總 編 輯　杜潔祥
出　　　版　花木蘭文化出版社
發 行 所　花木蘭文化出版社
發 行 人　高小娟
聯 絡 地 址　235 新北市中和區中安街七二號十三樓
　　　　　　　電話：02-2923-1455／傳眞：02-2923-1452
網　　　址　http://www.huamulan.tw 信箱 sut81518@gmail.com
印　　　刷　普羅文化出版廣告事業
封 面 設 計　劉開工作室
初　　　版　2013 年 3 月
定　　　價　十五編 18 冊（精裝）新台幣 30,000 元

漢宋《孝經》學論考（下）

羅聖堡　著

目

次

下 冊

第五章 《孝經注疏》與司馬光、范祖禹學說的比較

　　唐玄宗的《御注孝經》（以下簡稱《御注》），是隋、唐以前少數保留下來的《孝經》專著，現有宋初邢昺《孝經正義》爲其義疏（以下簡稱《孝經疏》或《疏》），義疏之學兼釋經文傳注，故玄宗《御注》與邢昺《疏》，可視爲一組層層關聯的有機體。〔註1〕司馬光著《古文孝經指解》，范祖禹有《古文孝經說》，雖然名稱不同，但《指解》是對古文《孝經》所作的注，《孝經說》像是古文《孝經》與《指解》的義疏，這可說是變相的注疏，只不過《孝經說》不像義疏一般逐句分解。以此概括四書，《御注》及《疏》可爲一組，《指解》、《孝經說》又是一組，本章即以兩組學說的比較來進行討論。

　　在《注》《疏》／《解》《說》的分野裏，范祖禹繼承司馬光的學術，〔註2〕將兩人劃爲一組，括及相關學說，這應該沒有多大的問題，但玄宗與邢昺兩人相距甚遠，爲何可將《御注》、邢《疏》視爲一組，之間關係如何，是本章首要說明的部份。至於兩組間的比較，四庫館臣曾說明《孝經指解》與《孝經說》

〔註1〕　兩書原本各自單行，合刻的時代則有二說，一爲北宋末年，一爲南宋時期。目前已經很難看到《孝經正義》的單疏本，故題名隨俗，以《孝經注疏》示之。不過本文不把《注》、《疏》解讀爲疏不破注的訓詁體式，以下仍舊分開標點。關於注疏版本的相關研究，參考屈萬里：〈十三經註疏板刻述略〉，《書傭論學集》（臺北：聯經出版事業股份有限公司，1984年7月），頁216～236。〔日〕河又正司，鍋島亞朱華譯：〈注疏分合的問題〉，《中國文哲研究通訊》第10卷第4期（2000年12月），頁31～34。按：屈先生文已將重要文獻匯集羅列，河又正司文則有簡要的說法。

〔註2〕　王德毅：〈范祖禹的史學與政論〉，收入《宋史研究論集》（臺北：臺灣商務印書館，1993年7月），頁3～12。

的版本：

> 《書錄解題》載光書、祖禹書各一卷，此本不知誰所併，殆以二書
> 相因而作，故合編也。……觀光從古文，而句下乃備載唐玄宗今文
> 之註，使二本南轅北轍，可移今文之註以註古文乎？〔註3〕

《直齋書錄解題》記《御注孝經》一卷、《孝經正義》三卷、《古文孝經指解》
一卷、《古文孝經說》一卷，〔註4〕四書本來各自獨行，今《通志堂經解》所
收《孝經注解》與四庫本所收《孝經指解》，乃《御注》、《解》、《說》的合編
本。四庫館臣認為，《孝經》今古文差距不大，故可取今文之《御注》，移易
至古文之下，引申《注解》本的範式，這似乎也表示了：《御注》、《解》、《說》
相去不遠，正因為《御注》、《解》、《說》大同小異，故合編並不感到衝突。
在唐、宋文化的比較裏，《注》、《疏》被視為唐型文化的代表，〔註5〕藉由合
編本的提示，《指解》與《說》可視為歷史的延續；不過再以《提要》的經學
六變說為代表，宋初乃唐、宋經學之過渡期，司馬光、范祖禹兩人或有新變。
〔註6〕略觀目前的分期模型，唐、宋之際的《孝經》學流變，尚有不少解釋空
間，本章研究目的，即是透過比較方法，從學術背景、經文層次與注解詮釋，
顯露兩組學說之異同，在此小範圍裏，補充《孝經》學史與經學史之空缺；
除此之外，在比較過程中，更希望從大範圍的角度，提供學術思想史一個新
的向度，而此立論之可行性，必須從《注》、《疏》的編纂談起。

第一節　《注》、《疏》的編纂

《注》、《疏》合刻本邢昺序云：

> 《孝經》者，百行之宗，五教之要。自昔孔子述作，垂範將來，奧

〔註3〕　〔宋〕司馬光：《古文孝經指解》（臺北：臺灣商務印書館，1983年，文淵閣
　　　　四庫全書本第182冊），提要，頁1下～2上。

〔註4〕　〔宋〕陳振孫，徐小蠻、顧美華點校：《直齋書錄解題》（上海：上海古籍出
　　　　版社，1987年11月），頁70。

〔註5〕　〔日〕內藤湖南，黃約瑟譯：〈概括的唐宋時代觀〉，《日本學者研究中國史論
　　　　著選譯》（北京：中華書局，1992年7月），頁16～17。柳立言：〈何謂「唐
　　　　宋變革」？〉，《中華文史論叢》總第81輯（2006年3月），頁133。

〔註6〕　見〔清〕永瑢等：《四庫全書總目提要》（臺北：臺灣商務印書館，1965年2
　　　　月，萬有文庫薈要本），第1冊，卷1，頁1。另參考〔清〕皮錫瑞：《增註經
　　　　學歷史》（臺北：藝文印書館，2004年3月），頁238。馬宗霍：《中國經學史》
　　　　（臺北：臺灣商務印書館，1966年9月），頁109～110。

旨微言，已備解乎《注》、《疏》。尚以辭高旨遠，後學難盡討論。今
特翦截元《疏》，旁引諸書，分義錯經，會合歸趣，一依講説次第解
釋，號之爲講義也。〔註7〕

邢昺概略地説明《孝經》的作者與源流，緊接著交代自己的著作。邢昺説《孝
經》：「奧旨微言，已備解乎《注》、《疏》」，從這個口氣看來，邢昺似乎認爲
當時通行的《御注》、元《疏》已經很完備了，自己所作的工作，只是「翦截
元《疏》，旁引諸書」，邢昺沒有增加太多己意，只在元《疏》的範圍內進行
剪裁與補充資料。邢昺又説自己的著作叫做「講義」，王應麟《玉海》記：

咸平二年（A.D.999）七月丙午，……祭酒邢昺爲翰林侍講學士，……
眞宗自居藩邸，升儲宮，命侍講邢昺説《尚書》，奪八席。《詩》、《禮》、
《論語》、《孝經》皆數四焉。……邢昺在東宮及內庭侍上，講説《孝
經》、《禮記》者二，《論語》十，《書》十三，《易》三，《詩》、《左
傳》各一。據傳疏敷引之外，多引時事爲喻，深被嘉獎。〔註8〕

參考《玉海》的紀錄，邢昺這部「講義」，或爲咸平二年居侍講時的作品。王應
麟説邢昺「據傳疏敷引之外，多引時事爲喻」，這似乎就是邢昺自序「翦截元
《疏》，旁引諸書」，不過王應麟又指出了邢昺「多引時事爲喻」的特色。再以
「多引時事爲喻」，作爲考察邢《疏》的要點，今本疏文看不到有史事的補充（或
是相關詮釋），序文所説的「講義」，可能與今本邢《疏》有所出入。

再從《御注》的纂寫討論起，唐玄宗注解《孝經》歷經兩次，《唐會要》
記：「（開元）十年（A.D. 722）六月二日，上注《孝經》，頒于天下及國子學。
至天寶二年五月二十二日，上重注，亦頒于天下。」〔註9〕初《注》是在開元
十年頒行，玄宗詔囑元澹（字行沖，後稱其字）〔註10〕爲之義疏，《舊唐書》
記：

〔註7〕 《孝經注疏》（臺北：藝文印書館，2001 年，影印嘉慶二十年江西南昌府學十
　　　　三經注疏阮刻本），〈孝經注疏序〉，頁 1 上。

〔註8〕 〔宋〕王應麟：《玉海》（臺北：華文書局，1964 年，影印元至元三年慶元路儒
　　　　學刊本），第 1 冊，卷 26，頁 7～8。按：四庫通行本作「凡八席」，然《後漢
　　　　書》戴憑傳云：「帝令羣臣能説經者更相難詰，義有不通，輒奪其席以益通者，
　　　　憑遂重坐五十餘席。」竊疑元代至元本「奪八席」爲是。見〔南朝宋〕范曄：
　　　　《後漢書》（北京：中華書局，1965 年 5 月），〈儒林列傳上〉，第 9 冊，頁 2554。

〔註9〕 〔宋〕王溥：《唐會要》（上海：上海古籍出版社，2006 年 12 月），上冊，頁
　　　　767。

〔註10〕 〔宋〕歐陽脩、宋祁：《新唐書》（北京：中華書局，1975 年 2 月），〈儒學下〉，
　　　　第 18 冊，頁 5690。

先是，祕書監馬懷素集學者續王儉《今書七志》，左散騎常侍褚无量
於麗正殿校寫四部書，事未就而懷素、无量卒，詔行沖總代其職。
於是行沖表請通撰古今書目，名爲《羣書四錄》，……歲餘書成，奏
上之。上又特令行沖撰御所注《孝經》疏義，列於學官。尋以衰老
罷知麗正殿校寫書事。〔註11〕

據《唐會要》所載，纂四部目錄事在開元九年十一月十三日，〔註 12〕而開元
《御注》於十年頒行，參照《舊唐書》與《唐會要》，似乎在四部目錄完成之
後，唐玄宗就委託元行沖開始撰寫《御注》的義疏。四部目錄在九年年尾纂
成，開元《御注》在隔年五月頒行，開元《御注》與元《疏》其間有重疊的
可能性，這使得初《注》、元《疏》與其他注疏不同，兩書是十三經注疏內，
唯一在同一時期內完成的作品。

玄宗於天寶年間，對開元《御注》進行了修改。從圖書目錄的記載推測，
宋代可能只有天寶重注本，〔註13〕邢昺所說的「《注》」，應該是天寶二年重注
的本子。《唐會要》記：「（天寶三年十二月）自今已後，宜令天下家藏《孝經》
一本，精勤教習；學校之中，倍加傳授，州縣官長明申勸課焉。」〔註 14〕重
注之後，玄宗下令加強《孝經》教育，於是舊《注》逐漸被新《注》取代，
故重注本流傳較廣。玄宗於天寶二年重注《孝經》，三年加強《孝經》教育，
又於天寶四年（A.D. 745）九月一日，把十八章今文《孝經》與《御注》一起
立石，是爲《石臺孝經》。〔註15〕《唐會要》記：

（天寶五年二月二十四日）《孝經》書疏，雖粗發明，幽賾無遺，未
能備該，今更敷暢，以廣闕文。仍令集賢院具寫，送付所司，頒示
中外。〔註16〕

新注本完成三年之後，玄宗認爲義疏有「闕文」，於是元《疏》也進行了第二
次的修改。從《舊唐書》可知，元行沖完成義疏之後，即因年老而轉任它職。

〔註11〕 〔後晉〕劉昫：《舊唐書》（北京：中華書局，1975 年 5 月），〈列傳第五十二〉，
　　　　　第 10 冊，頁 3178。
〔註12〕 〔宋〕王溥：《唐會要》，上冊，頁 767。按：《唐會要》記元書爲「《羣書四部
　　　　　錄》」，
〔註13〕 〔宋〕陳振孫，徐小蠻、顧美華點校：《直齋書錄解題》，頁 70。
〔註14〕 〔宋〕王溥：《唐會要》，上冊，頁 753。
〔註15〕 據李齊古表所述。碑文見〔清〕王昶：《金石萃編》（臺北：藝文印書館，1966
　　　　　年，石刻史料叢書第 16 冊影印嘉慶年間經訓堂本），卷 87，頁 3 上。
〔註16〕 〔宋〕王溥：《唐會要》，下冊，頁 1668。

據本傳，元行沖卒於開元十七年（A.D. 729），則天寶以降重修《注》、《疏》之事，元行沖無法參與。為了方便對照，以下再將《御注》及《疏》的編纂時間作一簡單的條列。

《御注》及《疏》編纂紀年

722	開元十年六月二日	初注、初疏
729	開元十七年	元行沖卒
743	天寶二年五月二十二日	重注
745	天寶四年九月一日	頒石
746	天寶五年二月二十四日	重疏

　　王鳴盛與阮福都認為，〔註17〕邢《疏》具名「臣邢昺等奉勅校定」，〔註18〕循名責實，邢昺工作僅為校定，再加上《疏》文都避唐人諱，看來文字方面，邢昺是無多大改動的。邢昺又說他「竄截元《疏》」，對照上表，邢昺似乎是根據開元初《疏》來修訂，邢《疏》應該保留不少元《疏》舊貌。以具名作為證據，或許稍微單薄，但這個說法可再從史料進行補充。《玉海》記：

　　　　至道二年（A.D.996），判監李至請命李沆、杜鎬等，校定《周禮》、《儀禮》、《穀梁傳疏》，及別纂《孝經》、《論語正義》。從之（原注：梁皇侃為《論語義疏》，援引不經，詞意淺陋。）。咸平三年三月癸巳（A.D.1000），命祭酒邢昺代領其事，杜鎬、舒雅、李維、孫奭、李慕清、王煥、崔偓佺、劉士元預其事，凡賈公彥《周禮》、《儀禮疏》各五十卷，《公羊疏》三十卷，楊士勛《穀梁疏》十二卷，皆校舊本而成之。《孝經》取元行沖《疏》，《論語》取梁皇侃《疏》，《爾雅》取孫炎、高璉《疏》，約而修之。〔註19〕

根據《玉海》所錄，至道二年本來有「別纂」《孝經正義》的打算，但主事者換成邢昺之後，似乎就沒有另外編纂一部《孝經正義》了，而是取重疏之元行沖《疏》「約而修之」，這正與邢昺自序相同。由《玉海》可知，《孝經疏》外，《論語》、《爾雅》二《疏》，邢昺的做法也是「約而修之」；日本尚存皇侃

〔註17〕〔清〕王鳴盛：《蛾術編》（北京：學苑出版社，2005年，清代學術筆記叢刊第19冊影印道光21年吳江沈氏楷堂本），卷8，頁12下～13上。〔清〕阮福：《孝經義疏補》（臺北：藝文印書館，1967年，百部叢書集成第675冊影印嘉慶阮氏文選樓叢書本），卷首，頁15～16。

〔註18〕《孝經注疏》，〈孝經序〉《疏》，頁1上。

〔註19〕〔宋〕王應麟：《玉海》，第2冊，卷41，頁33。

《論語義疏》，取皇《疏》對照邢昺《論語疏》，邢昺多在皇《疏》的範圍內進行刪節，〔註20〕《玉海》記其「約而修之」之語大抵可信。今雖不見元《疏》原文，《孝經疏》的狀況應該與《論語》相同，邢昺多是刪節元《疏》而已。

從具名、史料紀錄並參考《論語疏》的情況，《孝經疏》應該保留了大部份的元《疏》，這還可從邢《疏》引文的情況來作分析。王應麟引《崇文總目》：

> 《孝經正義》三卷，邢昺撰。初世傳元行冲《疏》外，餘家尚多，
>
> 皆淺近不足取。咸平中，昺等奉詔，據元氏本而增損焉。〔註21〕

《疏》文又有「依某注」的體例，它指出了《御注》是依據何注來解說，藉此體例可知，疏解的作者至少看過孔《傳》、鄭《注》和王肅、韋昭、魏克己的注解，〔註22〕疏解者又引劉炫等人的作品，這些隋、唐以前的傳注義疏，數量龐大，不過《崇文總目》所說的「餘家尚多」，應該不包括這些傳注解說。借助第三章所引司馬光撰《指解》事，司馬光提到：秘府《孝經》類舊書只有《御注》、鄭《注》、古文經文。鄭《注》原本沒有，是海外傳回的本子。〔註23〕至於古文《孝經》，有經無傳，司馬光才要為古文作《指解》。則司馬光撰《指解》時，古傳注義疏的資料仍舊貧乏，今文資料也不多，司馬光看不到這些古傳注解說，邢昺應該也是看不到的。〔註24〕至於「餘家尚多」所指為何，《宋史》載龍昌期

〔註20〕 參考蔡娟穎：《論語邢昺疏研究》，刊於《國立臺灣師範大學國文研究所集刊》第33號（1991年6月），總頁178～194。

〔註21〕 同註19。

〔註22〕 《疏》文所云「魏《注》」為魏克己《注》。相關問題參考陳鴻森：〈唐玄宗孝經序「舉六家之異同」釋疑——唐宋官修注疏之一側面〉，《中央研究院歷史語言研究所集刊》第74本第1分（2003年3月），頁35～62。

〔註23〕 馬端臨引《崇文總目》云：「五代兵興，中原久逸其書。咸平中，日本僧以此書來獻，議藏秘府。」陳振孫的說法則略有不同：「按《三朝志》，五代以來，孔、鄭注皆亡。周顯德中，新羅獻別序《孝經》，即鄭《注》者，而《崇文總目》以為咸平中日本國僧奝然所獻，未詳孰是。世少有其本。乾道中，熊克子復從袁樞機仲得之，刻於京口學宮，而孔《傳》不可復見。」但兩說皆以為宋代鄭《注》乃從國外回傳。據陳振孫所言，鄭《注》的流傳不廣，而孔《傳》已經是看不到了。見〔元〕馬端臨：《新校本文獻通考·經籍考》（臺北：新文豐出版公司，1986年9月），上冊，頁303。〔宋〕陳振孫，徐小蠻、顧美華點校：《直齋書錄解題》，頁69。相關問題請參考顧永新：〈《孝經鄭注》回傳中國考〉，《文獻季刊》2007年第3期（7月），頁217～228。

〔註24〕 陳鴻森先生分析，疏文將劉炫《孝經述議》引作「《孝經稽疑》」，即是邢昺不見原書的揣度。參考陳鴻森：〈唐玄宗孝經序「舉六家之異同」釋疑——唐宋官修注疏之一側面〉，《中央研究院歷史語言研究所集刊》第74本第1分，頁39。

注《孝經》事：

> 昌期者，嘗注《易》、《詩》、《書》、《論語》、《孝經》、《陰符經》、《老
> 子》，其說詭誕穿鑿，至詆斥周公。……嘉祐中，詔取其書。昌期
> 時年八十餘，野服自詣京師，賜緋魚，絹百匹。歐陽脩言其異端害
> 道，不當推獎，奪所賜服罷歸，卒。〔註25〕

以嘉祐年間龍昌期的年紀，其注《孝經》應在真宗朝，《崇文總目》說的「餘家
尚多，皆淺近不足取」，或許就是龍昌期這類著作，李至所以希望真宗下令「別
纂」《孝經正義》，或許是坊間流行的作品多為「異端害道」的緣故。〔註26〕閱
讀邢《疏》，其內容並無詆毀周公的言論，並無宋初新說的痕跡，而這些古傳注
解說，邢昺無法查找，邢《疏》所保留的舊貌是很多的。

考慮古傳注義疏的亡逸，邢《疏》「據元氏本而增損」，邢昺所「損」者，
只是元《疏》的刪節，至於所「增」，則是一個較難確定的問題。〔註27〕林秀
一指出，邢昺所增大抵集中於〈序〉疏。〔註28〕林氏的判斷或許基於：邢昺
以初《疏》為底本，但北宋通行的是天寶重《注》本，天寶序文與開元序文
不同（詳見下文），元行沖的初《疏》不可能對天寶序文進行疏解，邢昺必須
另起爐灶。陳鴻森先生在林秀一的基礎上舉出一個例子，〔註29〕重《注‧序》
文說「寫之琬琰，庶有補於將來」，此〈序〉又刊於《石臺孝經》，〔註30〕則
所謂「寫之琬琰」，指的就是刊於石經。照道理說，天寶儒臣乃當事者，不可
能不知道這個意思，〈序〉疏態度游移，疏解者似乎不明此事，則〈序〉疏作

〔註25〕 〔元〕脫脫：《宋史》（北京：中華書局，1977 年 11 月），〈列傳第五十八〉，
第 28 冊，頁 9942。又見〔宋〕劉敞：〈上仁宗論龍昌期學術乖僻〉，《公是集》
（臺北：臺灣商務印書館，1975 年，四庫全書珍本別輯第 267 冊），卷 32，
頁 13～14。

〔註26〕 吳天墀認為，龍昌期指責周公金滕事，連帶著影射金匱之盟為偽，這間接指
出了宋太宗繼位不正，此為龍昌期被斥責的真正原因。見吳天墀：〈龍昌期
——被埋沒了的「異端」學者〉，《宋史研究論文集》1987 年年會編刊（石家莊：
河北教育出版社，1989 年 5 月），頁 431～432。

〔註27〕 四庫館臣云：「宋咸平中邢昺所修之《疏》，即據行沖書為藍本，然孰為舊文，
孰為新說，今已不可辨別矣。」見《孝經注疏》，卷首所附總目，頁 1 下～2 上。

〔註28〕 〔日〕林秀一：〈邢昺の孝經注疏校定に就いて〉，《孝經學論集》（東京：明
治書院，1976 年 11 月），頁 181。

〔註29〕 陳鴻森：〈唐玄宗孝經序「舉六家之異同」釋疑——唐宋官修注疏之一側面〉，《中
央研究院歷史語言研究所集刊》第 74 本第 1 分（2003 年 3 月），頁 48～49。

〔註30〕 《孝經注疏》，〈孝經序〉《疏》，頁 6 下。〔清〕王昶：《金石萃編》，卷 87，頁
2 上。

者距離天寶重注、頒石、重疏的時間有一段距離，這應該是邢昺的手筆。

在林秀一與陳鴻森二先生的基礎上，筆者擬再指出邢昺所增的兩處痕跡。〈序〉疏云：

> 元氏雖同炫說，恐未盡善，今以〈藝文志〉及鄭氏所說爲得。〔註31〕

此段疏解直呼「元氏」，絕非行沖自言，至於是天寶儒臣抑或邢昺所爲，〈序〉疏又說：

> 製者，裁翦述作之謂也。故《左傳》曰：「子有美錦，不使人學製焉。」取此美名，故人之文章述作，皆謂之製。以此序唐玄宗所撰，故云「御製」也。玄宗，唐弟六帝也，諱隆基，睿宗之子。以延和元年即位，時年三十三。在位四十五年，年七十八登遐，謚曰明孝皇帝，廟號玄宗。開元十年，製經〈序〉并《注》。〔註32〕

天寶儒臣不得稱「唐玄宗」，天寶五年重修《疏》時，玄宗尚在人世，更不可能知道玄宗的生卒年，此段疏文必爲邢昺手筆。邢昺接著說「開元十年，製經〈序〉并《注》」，這是一個錯誤的疏解。首先，邢昺所得《御注》，應爲天寶重注本，開元十七年行沖已卒，不應該是開元十年。其次，邢昺的意思是說：開元〈序〉爲玄宗所製，但今存日傳《覆卷子本唐開元御注孝經》，其序署爲：「元行沖奉勅撰」，元〈序〉又說「與侍臣參詳厥理，爲之訓注」、「其〈序〉及《疏》並委行行沖循撰」，〔註33〕藉元〈序〉可知，玄宗乃與行沖等人一起討論，故行沖作《疏》，自然知道《御注》是「依某注」而成。開元〈序〉文實爲行沖作品，邢昺會誤認作者，又繫年錯誤，一方面是見不到開元初注本，一方面也是涉元《疏》而誤。〈序〉疏今有：

> 至十年，上自注《孝經》，頒于天下，卒以十八章爲定。〔註34〕

《疏》文前云「唐玄宗」，後云「上自注《孝經》」，〈序〉疏應非單一作者，而稱玄宗爲「上」，顯然不是宋人口氣，這應該是元《疏》〈序〉疏的痕跡，故邢昺〈序〉疏其實也是增定元《疏》而成，不過邢昺對於《注》、《疏》的編纂不太熟悉，故見元《疏》「至十年，上自注《孝經》」，遂以爲所見之〈序〉爲開元年間寫成。

〔註31〕《孝經注疏》，〈孝經序〉《疏》，頁2下。
〔註32〕《孝經注疏》，〈孝經序〉《疏》，頁3上。
〔註33〕唐玄宗注：《覆卷子本唐開元御注孝經》（臺北：藝文印書館，1965年，百部叢書集成第1109冊影印光緒黎庶昌校刊古逸叢書本），頁1、3下、5上。
〔註34〕《孝經注疏》，〈孝經序〉《疏》，頁4下。

除了〈序〉疏，《疏》文之內還有一例可能是邢昺等人的意見。〈感應章〉「天地明察，神明彰矣」，《御注》云「事天地能明察，則神感至誠而降福佑，故曰彰也」，《疏》曰：

> 誠，和也。言事天地若能明察，則神祇感其至和，而降福應以祐助之。是神明之功彰見也。《書》云：「至誠感神。」又《瑞應圖》曰：「聖人能順天地，則天降膏露，地出醴泉。」《詩》云：「降福穰穰。」《易》曰：「自天祐之，吉無不利。」注約諸文以釋之也。案：此則「神感至誠」，當爲「至誠」，今定本作「至誠」，字之誤也。〔註35〕

開元、天寶《御注》都作「神感至誠」，今存石碑雖然模糊，但從王昶引述可知，石經也作「誠」字。〔註36〕《疏》文引僞古文〈大禹謨〉「至誠感神」釋《御注》出處，〔註37〕又將「誠」字寫作「誠」字，這似乎是順著《御注》的意見，但案語接著又說：寫爲「誠」字是個錯字。從案語推測，邢昺已經注意到「誠」字是個錯字，那他引述〈大禹謨〉時，應該會特別小心，不讓自己犯下相同的錯誤，但案語之前引《書》仍作「至誠」，如版本無誤，此段前後爲不同作者。今敦煌遺書 S.3824B 書寫者題《御注孝經集義并注》，殘文有：

> 廣敬敬親，博愛愛人，惟德屆遠，志誠感神。〔註38〕

這雖然是〈天子章〉的注解，但其「志誠感神」，應該就是來自於《御注》及〈大禹謨〉。天寶〈序〉云「庶幾廣愛，形於四海」，〔註39〕敦煌遺書 S.3393 引〈五刑章〉爲「形」；〔註40〕P.3274 云：「見於四海，無所不通」，此解似乎即是把「刑于四海」讀作「形於四海」，「形」解爲「見」，P.3274 卷末又屬「天寶元年十一月二十八日於郡學寫」，〔註41〕則天寶〈序〉作「形於四海」，其

〔註35〕《孝經注疏》，卷8，頁1～2上。按：原作「不」而降福，據阮刻本附《校勘記》改。

〔註36〕王昶云：「碑書誠作誠。」見唐玄宗注：《覆卷子本唐開元御注孝經》，第1109冊，頁22下。陝西省博物館編：《石臺孝經》，《西安碑林名碑》（西安：陝西人民美術出版社，1993年5月），第5函，總第23冊，頁54。〔清〕王昶：《金石萃編》，卷87，頁10下。

〔註37〕舊題孔安國傳，〔唐〕孔穎達等疏：《尚書注疏》，卷4，頁14上。

〔註38〕圖版及釋文見陳鐵凡編纂：《敦煌本孝經類纂》（臺北：燕京文化事業股份有限公司，1977年6月），頁157～158。

〔註39〕《孝經注疏》，〈孝經序〉《疏》，頁2下。

〔註40〕圖版見陳鐵凡編纂：《敦煌本孝經類纂》，頁115。

〔註41〕圖版見陳鐵凡編纂：《敦煌本孝經類纂》，頁124、154。釋文參考陳金木：〈敦煌本孝經鄭氏解義疏釋文〉，附錄於《皇侃之經學》（臺北：國立編譯館，1995

實是前代的一種讀法。對照敦煌遺書，「誠」字寫作「諴」字並非孤例，它應與「刑」、「形」相同，是唐代的寫法，疏文前段不以「諴」字爲訛，即爲唐人寫法，案語之後把「諴」字視爲錯字，即爲後人正字，這或許就是邢昺校定《疏》文的痕跡。

　　邢昺的增損之外，《疏》文還有一個問題尚待解決。《新唐書》有玄宗《今上孝經制旨》一卷，〔註42〕宋初《孝經》古傳注解說雖不多見，但在蒐羅遺書的政策下，五代本來看不到的《制旨》，宋代又重新出現。緒論曾介紹陳鴻森與陳一風二先生對《疏》文編纂的討論。前說判斷《制旨》爲天寶儒臣所引；後說認爲邢昺有引述《制旨》的條件，《制旨》爲邢昺所引。在兩說中，邢昺於《孝經疏》內有不同地位，如《制旨》爲天寶儒臣所引，邢昺所增實少；如《制旨》爲邢昺所引，邢昺就不只是刪節、〈序〉疏、校定這麼簡單。兩位學者都羅列了不少資料，這裏不再重複，只舉兩條參覆。

　　〈事君章〉「退思補過」，《御注》：「君有過失，則思補益」，《疏》文云：

> 案舊《注》：韋昭云：「退歸私室，則思補其身過。」……。案《左傳》：「……士渥濁諫曰『林父之事君也，進思盡忠，退思補過。』……」是其義也。文意正與此同，故注依此傳文而釋之。今云「君有過則思補益」，出《制旨》也。義取《詩・大雅・烝民》云：「袞職有闕，惟仲山甫補之。」……此理爲勝，故易舊也。〔註43〕

「舊《注》」即開元初《注》，開元《御注》云「退歸私室，則思補身過也」，〔註44〕後說「韋昭」，表示此注開元本依韋說而來。能知開元《御注》依某注而來，此乃元《疏》本來面貌，但元行沖卒於開元十七年，不能預知天寶重《注》，也不會知道開元《御注》乃成「舊注」，故元行沖、天寶儒臣、邢昺這三位關係人裏，引《制旨》疏解者可先刪去元行沖。〈庶人章〉論「終始」之義處，《疏》云：

> 而當朝通識者，以爲鄭《注》非誤，故謝萬云：……。諦詳此義，將謂不然。……《制旨》曰：……〔註45〕

　　　　　年8月），頁446。
〔註42〕　〔宋〕歐陽脩、宋祁：《新唐書》，〈藝文一〉，第5冊，頁1442。
〔註43〕　《孝經注疏》，卷8，頁3下～4。
〔註44〕　唐玄宗注：《覆卷子本唐開元御注孝經》，頁24上。
〔註45〕　《孝經注疏》，卷3，頁3上。按：原作「《制有》」，依阮刻本附《校勘記》改。

「終始」之義繁雜，《疏》文的作者引《制旨》批駁諸說，同時有反駁「當朝通識者」的意思。《唐會要》記劉知幾與司馬貞等唐儒爭論《孝經》事，〔註46〕所謂「當朝通識者」，應該即指爭辯的唐儒，藉由「當朝」的語氣，這應該是唐人的話語。綜合這兩條資料，元行沖不知其為舊，不可能引《制旨》來修改疏文。排除了元行沖後，只剩下天寶儒臣與邢昺。再據〈庶人章〉「終始」《疏》引《制旨》之例，「當朝通識者」乃為當代人口氣，又〈事君章〉「退思補過」《疏》文標示「舊《注》」，宋初僅存天寶新《注》，邢昺要知道哪些地方是舊《注》可能有相當困難，就此分析，引述《制旨》與修改元《疏》者，應為天寶儒臣，邢昺更動《疏》文實少，邢《疏》多存舊貌。

　　邢昺等人的增損，大概就是〈序〉疏、校定、刪節等事，《孝經疏》多是唐人的作品。從〈庶人章〉「終始」《疏》引《制旨》可知，邢昺雖說以開元初《疏》為底本，但這本《孝經疏》已經經過天寶儒臣的改動，是為天寶重《疏》。而天寶重疏的態度，可能與邢昺類似，僅標示「舊《注》」，易以《制旨》之意，對於開元舊《疏》的改動不多。藉由此說，或許較能理解為何宋初僅存天寶新《注》，又有行沖舊《疏》流傳於世，天寶儒臣對於行沖舊《疏》的改動不多，邢昺對於天寶新《疏》改動更少。

　　由上考辨，知邢昺的《孝經疏》，大抵是唐儒舊貌，特別是元行沖《疏》。玄宗御注過程，乃與行沖等人共相參詳，《御注》、元《疏》是討論後的姊妹作，故行沖對《御注》來歷十分清楚，玄宗囑咐行沖為《御注》序，也顯示了《御注》及《疏》密不可分的關係。職是之故，討論《孝經注》、《疏》，雖可置於宋初的學術背景，但視為唐代《孝經》的代表作品，或許更加適宜，因此本章擴大討論的範圍，以《注》《疏》作為前代學人的代表，又以司馬光、范祖禹兩人為例，與宋代學人比較。

第二節　唐宋學人的論述背景

一、皇帝注釋《孝經》的背景與玄宗御注之緣起

　　魏、晉、六朝是《孝經》研究的鼎盛時期，〔註47〕相較宋初的窘迫，玄

〔註46〕由天寶重《注》事推測，初《注》之後，紛爭應仍不少，故玄宗又要「制旨」重《注》。見〔宋〕王溥：《唐會要》，下冊，頁1662～1667。
〔註47〕綜合朱彝尊與陳鐵凡的統計，魏晉六朝《孝經》論著有84種，唐代15種

宗君臣有豐富的研究成果可供參考，《注》、《疏》正接受了這些成果，故研究《注》、《疏》，同時也是魏、晉、六朝《孝經》學的顯露。由於《注》、《疏》是魏、晉至盛唐《孝經》學的集成之作，與魏、晉、六朝《孝經》學有繼承關係，故思想背景的處理，不應限於唐、宋兩代，必須從魏、晉時期開始；同時玄宗在接受前人研究的過程中，實與魏、晉、六朝學人面對相似的學術背景，相似的論著目的，甚至是相似的問題意識，故以下各項的處理，都將從更早的時代開始。

　　唐玄宗並非注釋《孝經》的首位皇帝，《隋書‧經籍志》著錄了梁武帝《孝經義疏》十八卷，又有皇太子講《孝經義》三卷、天監八年皇太子講《孝經義》一卷、梁簡文《孝經義疏》五卷。〔註48〕皇家注疏《孝經》之事，南朝已有跡可尋，而這可再追溯至魏、晉所行之釋奠禮。《晉書》云：

> 禮，始立學必先釋奠于先聖、先師，及行事必用幣。漢世雖立學，斯禮無聞。魏齊王正始……七年（A.D.246）十二月，講《禮記》通，並使太常釋奠，以太牢祠孔子於辟雍，以顏回配。……元帝太興二年（A.D.319），皇太子講《論語》通，太子並親釋奠，以太牢祠孔子，以顏回配。……孝武寧康三年（A.D.375）七月，帝講《孝經》通，並釋奠如故事。〔註49〕

> （晉穆帝升平元年 A.D.357）三月，帝講《孝經》。壬申，親釋奠于中堂。〔註50〕

此禮今見《禮記‧文王世子》篇，該篇又說：「始立學者，既興器用幣，然後釋菜，不舞不授器。」〔註51〕嚴格的說，釋奠與釋菜應有分別，釋奠是「興器用幣」的部份，不過魏、晉以後才開始行釋奠禮，行禮也不如〈文王世子〉

（排除敦煌遺書），兩宋 55 種。見〔清〕朱彝尊，張廣慶、馮曉庭、許維萍、游均晶點校：《點校補正經義考》（臺北：中央研究院中國文哲研究所籌備處，1998 年 4 月），第 6 冊，頁 791～第 7 冊，頁 36。陳鐵凡：〈孝經學著述要目〉，《孝經學源流》（臺北：國立編譯館，1986 年 7 月），頁 401～455。

〔註48〕〔唐〕魏徵、令狐德棻：《隋書》（北京：中華書局，1973 年 8 月），〈經籍一〉，第 4 冊，頁 934。

〔註49〕〔唐〕房玄齡：《晉書》（北京：中華書局，1974 年 11 月），〈禮上〉，第 2 冊，頁 599。

〔註50〕〔唐〕房玄齡：《晉書》，〈帝紀第八〉，第 1 冊，頁 202。

〔註51〕〔清〕孫希旦，沈嘯寰、王星賢點校：《禮記集解》（臺北：文史哲出版社，1990 年 8 月），上冊，頁 562。

所述；再據〈禮志〉，執政者或繼承人有於釋奠前講學的習慣，《孝經》即為其中之一。參考前論，早在賈誼之時，皇子教育即有教孝要求，《孝經》很可能就是當時太子教育的重要內容。《孝經》後來又被視為是孔子傳世的治國寶典，況且司馬家自稱「孝治」，在祭拜孔子的學禮前，皇帝或皇子講述《孝經》，一方面是展示對《孝經》的理解，間接也強調了自己身具皇德，與先聖、先師，甚至是先王同調。

　　晉以孝治自稱，南朝亦有類似說法。《南史》記齊初代宋事：

　　　齊高帝踐阼，召（劉）瓛入華林園談語，問以政道。答曰：「政在《孝
　　　經》。宋氏所以亡，陛下所以得之是也。」帝咨嗟曰：「儒者之言，
　　　可寶萬世。」〔註52〕

「政在《孝經》」、「可寶萬世」之語，即把《孝經》視為孔子傳世的治國寶典，依此行事則國祚不絕，這與秦、漢以來執政者對孝及《孝經》的基本看法相同。審視宋末情勢，帝劉昱年少，史稱殘暴，齊王蕭道成「四海屬心，秉知鼎命有在」，與王敬密謀廢帝，王敬等人趁其酒醉，加以斬殺，並獻首於齊王。〔註53〕蕭道成雖然沒有立刻取代劉宋，此役奠定了取代劉宋的基礎。劉瓛所謂「政在《孝經》」一語，隱含對宋帝的指責，故蕭道成能趁虛而入。〔註54〕對於劉瓛來說，複雜的政治情勢，用《孝經》就能意指一個朝代的終結與興起，身為當事者的蕭道成，看來也是認同這種分析的。借助齊代宋事，《孝經》作為皇德或政權的合理性的說法，六朝以來沒有改變，《孝經》依舊含有政治上的涵義，同時，釋奠伴隨著講《孝經》事，除了是制禮的根據，講述《孝經》成為儀式裏的一環。《隋書‧楊尚希傳》又說：「周太祖嘗親臨釋奠，尚希時年十八，令講《孝經》，詞旨可觀。太祖奇之，賜姓普六茹氏，擢為國子博士。累轉舍人。」〔註55〕臣下優秀者，可藉此獲得拔擢，隋唐時如元善、

〔註52〕〔唐〕李延壽：《南史》（北京：中華書局，1975年6月），〈列傳第四十〉，第4冊，頁1236。

〔註53〕以上見〔梁〕沈約：《宋書》（北京：中華書局，1974年10月），〈本紀第九〉，第1冊，頁189～190；〈列傳第十一〉，第5冊，頁1469。

〔註54〕司馬昭借太后之口，以不孝之名作為弒殺高貴鄉公的理由；王敦欲廢晉明帝司馬紹，也企圖以「不孝」廢之。晉室以後，前朝不孝是合理化簒弒君王的主要說法。見〔晉〕陳壽，〔南朝宋〕裴松之注，趙幼文校箋：《三國志校箋》（成都：巴蜀書社，2001年6月），〈三少帝紀〉，上冊，頁177。余嘉錫箋疏，周祖謨、余淑宜整理：《世說新語箋疏》（臺北：華正書局有限公司，1991年10月），上冊，頁313。

〔註55〕〔唐〕魏徵、令狐德棻：《隋書》，〈列傳第六十三〉，第5冊，頁1252。

王頍、儲无量等人，〔註56〕都是因此加官受賞。由此可見，除了皇帝本身講述《孝經》，釋奠時亦有臣子講論，《孝經》是君臣之間講論的重要內容。

除了有釋奠禮上的禮儀，民間也把《孝經》應用於喪葬裏，齊有張融：

> 建武四年（A.D.497），（張融）病卒。年五十四。遺令建白旐無旒，不設祭，令人捉塵尾，登屋復魂。曰：「吾生平所善，自當凌雲一笑。」三千買棺，無製新衾。左手執《孝經》、《老子》，右手執小品《法華經》。〔註57〕

北朝有隱士馮亮：

> （馮亮）與僧徒禮誦為業，……延昌二年（A.D.513）冬，因遇篤疾，世宗敕以馬輿送令還山，居嵩高道場寺。數日而卒。詔贈帛二百匹，以供凶事。遺誡兄子綜，斂以衣幅，左手持板，右手執《孝經》一卷，置尸盤石上，去人數里外。積十餘日，乃焚於山。以灰燼處，起佛塔經藏。〔註58〕

東漢以《孝經》喻禍福，甚至可以趨吉避凶、驅除厲鬼，除了郄伯夷、皇侃誦讀《孝經》，岑之敬誦讀《孝經》還要「燒香正坐」，〔註59〕則自讖緯以降，《孝經》歷經了宗教化的過程。〔註60〕皇侃以《孝經》比擬《觀世音經》，似乎可藉由《孝經》來作儒佛之間的交流，道教類書《無上秘要》輯《洞玄金籙簡文經》云「弟子始詣師，諸受道法，皆當冠帶執板，謙苦求請」，〔註61〕馮亮「左手執板」，其實是道教的儀式。再觀察張、馮兩人的背景，儒家、佛教、道教，他們都是廣泛涉獵、不黜彼此，則佛教之外，《孝經》在儒、道之間可能也有所交涉。張融又要求自己的尸身「左手執《孝經》、《老子》，右手執小品《法華經》」，馮亮雖不持佛典，但要「以灰燼處，起佛塔經藏」，他們

〔註56〕 見〔唐〕魏徵、令狐德棻：《隋書》，〈儒林〉、〈文學〉，第6冊，頁1708、1732。
〔後晉〕劉昫：《舊唐書》，〈列傳第五十二〉，第10冊，頁3167。

〔註57〕 〔梁〕蕭子顯：《南齊書》（北京：中華書局，1972年1月），〈列傳第二十二〉，第3冊，頁729。

〔註58〕 北齊·魏收：《魏書》（北京：中華書局，1974年6月），〈逸士〉，第6冊，頁1931。

〔註59〕 〔唐〕姚思廉：《陳書》（北京：中華書局，1972年3月），〈文學〉，第2冊，頁461～462。

〔註60〕 〔日〕吉川忠夫：《六朝精神史研究》（京都：同朋舍，1984年2月），第15章六朝時代における『孝經』の受容，頁547～564。

〔註61〕 北周武帝宇文邕纂：《無上秘要》（上海：上海古籍出版社，1989年，道藏要籍選刊第10冊影印明刊正統道藏本），卷42，頁3，總頁142。

似乎有融合儒釋道的企圖，則在道教、佛教的蘊染、又涉及死亡的神秘之下，《孝經》自然有宗教化的現象，不過《孝經》隨葬的早期意義並不神秘，《晉書》載皇甫謐大限將至，言：

> 故吾欲朝死夕葬，夕死朝葬，不設棺槨，不加纏斂，不修沐浴，不造新服，殯啥之物，一皆絕之。吾本欲露形入阬，以身親土，或恐人情染俗來久，頓革理難，今故牽爲之制。……平生之物，皆無自隨，唯齎《孝經》一卷，示不忘孝道。〔註62〕

皇甫謐採取薄葬，這與漢文帝與漢初黃、老學者的看法相同，不願喪禮鋪張浪費，藉此告誡子孫節儉。不過皇甫謐知道以身親土式的薄葬，有違積習已久的風俗習慣。皇甫謐必須在節儉的薄葬，與被視爲孝道的厚葬間作個平衡。皇甫謐的作法就是以《孝經》隨葬，以此表示不忘孝道。皇甫謐的作法雖然以道家爲本，比起張融、房亮，起先以《孝經》隨葬，宗教的意味是相當淡薄的。

簡短分析魏、晉、六朝的接受史，《孝經》的時代意義可如是說明：首先，《孝經》於皇德或是政權合理性的政治涵義並沒有改變，皇帝、太子必須於釋奠前，講述《孝經》，此爲皇德義的彰顯；另一方面，《孝經》作爲一種隨葬品，與《老子》、佛經鼎足而立，似乎是儒、釋、道三方代表中儒家的一方。掌握了政治、釋奠與相關風俗，唐玄宗注釋《孝經》，也是延續這三種脈絡而來。《隋書》記韋師少時就學：

> 始讀《孝經》，捨書而歎曰：「名教之極，其在茲乎！」〔註63〕

此初就學的感嘆，不宜視爲一家之言，而是社會意識形態引導下的產物。蕭子顯於《南齊書》特立〈孝義〉列傳，乃是認爲崇尙孝義可「事長移忠」、「扶獎名教」，〔註64〕此即發於《孝經》移孝作忠之義，《隋書·孝義》列傳序又認爲孝子乃「任其自然」、「篤於天性」，〔註65〕於是孝義是名教之重要關節，而此心乃發源於自然天性，在此名教與自然雙方面的意義下，故有「名教之極」的感嘆。這可再用東晉袁宏的一段話來說明，《後漢紀》批評繼承問題時說到：

> 夫君臣父子，名教之本也。然則名教之作，何爲者也？蓋準天地之性，求之自然之理，擬議以制其名，因循以弘其教，辯物成器，以

〔註62〕〔唐〕房玄齡：《晉書》，〈列傳第二十一〉，第5冊，頁1417～1418。
〔註63〕〔唐〕魏徵、令狐德棻：《隋書》，〈列傳第十一〉，第5冊，頁1257。
〔註64〕〔梁〕蕭子顯：《南齊書》，〈孝義〉，第3冊，頁9。
〔註65〕〔唐〕魏徵、令狐德棻：《隋書》，〈孝義〉，第6冊，頁1611。

通天下之務者也。是以高下莫尚於天地，故貴賤擬斯以辯物；尊卑
莫大於父子，故君臣象茲以成器。〔註66〕

名教與自然的關係，是魏、晉以降的新問題，袁宏的時代，已經從互相矛盾的觀點，進入調和的論調。袁宏所說的名教，指的是君臣尊卑的政治階級，名教之本來自於君臣父子，而其中的父子一節，正是所謂的「自然之理」。袁宏所說的自然，本體論的意味相當淡薄，〔註67〕他思考自然名教與君臣父子的方式，其實與魯司徒或漢代學者相同，父子關係有天生血緣的自然，而君臣階級衍生自父子關係，故名教所強調的君臣尊卑，背後有父子間的自然基礎，於是乎名教就有了自然的意義。藉由袁宏之語，《孝經》為名教之極，其實是以《孝經》的君臣觀與忠孝觀，作為新問題的回應，從蕭子顯與韋師所言可知，兩人所代表的時代，雖然與袁宏有一段距離，但孝與《孝經》仍是是名教自然的溝通利器。

魏、晉、隋、唐之間有一段相當長的時間，但《孝經》的孝治涵義無多大改變，隋文帝說「朕方以孝理天下，故立五教以弘之」，〔註68〕《孝經》是政權合理的基礎論點。皇族於釋奠時與臣子講論《孝經》，就是延續「明王孝治」的象徵意義，正因為《孝經》有此政治上的涵義，魏徵等人編《群書治要》時收錄《孝經》，《唐會要》儀鳳三年（A.D. 678）三月又記：「自今已後，《道德經》、《孝經》並為上經，貢舉皆須兼通。」〔註69〕它雖然是科舉裏的「小經」，卻有「上經」的價值。武則天以《孝經》作為《臣軌》的思想根源之一，〔註70〕唐玄宗在天寶〈序〉裏，更是明顯強調「明王孝治」，這些都是彰顯《孝經》作為政典的意義。

〔註66〕〔晉〕袁宏，張烈點校：《後漢紀》，《兩漢紀》（北京：中華書局，2002 年 6 月），下冊，頁 509～510。

〔註67〕張蓓蓓：〈袁宏新論〉，《臺大中文學報》第 14 期（2001 年 5 月），頁 106～107。

〔註68〕〔唐〕李延壽：《北史》（北京：中華書局，1974 年 10 月），〈列傳第七〉，第 8 冊，頁 2507。

〔註69〕〔宋〕王溥：《唐會要》（上海：上海古籍出版社，2006 年 12 月），下冊，頁 1627。

〔註70〕《臣軌》主要引述《孝經》的諫諍思想。〈匡諫章〉云：「是以國之將興，貴在諫臣；家之將興，貴在諫子。若君父有非，臣子不諫，欲求國泰家榮，不可得也。」此即《孝經》不可不諫於君父之論。〈公正章〉又云「將順其美，匡救其惡」，此亦《孝經》之語。《臣軌》依照鄭《注》「過則稱己」的解釋，善則稱君，過則稱己，此與唐太宗的解讀不同，玄宗天寶重注也不採取這個解釋。相關問題詳見後文。見武則天：《臣軌》（臺北：臺灣商務印書館，1981 年，影印清嘉慶阮元宛委別藏第 61 冊），卷上，頁 32 下～33 上、21 下。

釋奠方面，唐如魏晉故事，《舊唐書》記載：

> 王世充平，太宗徵（陸元朗，字德明）爲秦府文學館學士，命中山
> 王承乾從其受業。尋補太學博士。後高祖親臨釋奠，時徐文遠講《孝
> 經》，沙門惠乘講《波若經》，道士劉進喜講《老子》，德明難此三人，
> 各因宗指，隨端立義，眾皆爲之屈。高祖善之，賜帛五十匹。〔註71〕

唐初又有「三教會講」的方式，徐文遠講《孝經》，這是儒家的代表，劉進喜與
惠乘講《老子》與《波若經》，分別是道教與佛教的代表，於是乎三教各執一經，
《孝經》與《老子》、佛經鼎立而立，這正是六朝風俗的演進。同書又記：

> （載初元年 A.D.689）其年二月，則天又御明堂，大開三教。内史邢
> 文偉講《孝經》，命侍臣及僧、道士等以次論議，日昃乃罷。〔註72〕

除了各講所執經典，儒、釋、道俱講《孝經》，《孝經》可能有三教融會的現
象。至於玄宗，又注《老子》、《金剛經》，佛經的代表歷代雖不同，但玄宗注
三經事，明顯是六朝以來三教風俗的影響，文化風尚驅使玄宗替經書作解。
另一方面，唐太宗與孔穎達講論時，曾說：「諸儒各生異意，皆非聖人論孝之
本旨也。」〔註73〕唐太宗已經對論孝諸說感到不滿，開元朝論《孝經》，劉知
幾又說「孔、鄭二家，雲泥致隔」，〔註74〕可見在眾家之解下，《孝經》詮釋
已有所紛歧。皇帝本有講述《孝經》的習慣與義務，《孝經》又被視爲重要的
政典，實不容許《孝經》有太多異議，故在傳統與風尚的驅使之下，玄宗以
皇帝的身份來平息這場紛爭。

二、帝王教育的政教涵義

　　分析《御注》的學術背景，釋奠講經的傳統、三教融會的風氣、《孝經》詮
釋的紛歧，這是玄宗御注的三大原因，而北宋已經沒有三教會講的風氣，〔註75〕

〔註71〕 〔後晉〕劉昫：《舊唐書》，〈儒學上〉，第 15 冊，頁 4945。

〔註72〕 〔後晉〕劉昫：《舊唐書》，〈禮儀二〉，第 3 冊，頁 864。

〔註73〕 〔後晉〕劉昫：《舊唐書》，〈禮儀四〉，第 3 冊，頁 917。

〔註74〕 〔宋〕王溥：《唐會要》（上海：上海古籍出版社，2006 年 12 月），下冊，頁
1665。

〔註75〕 當時甚至有以孝排佛的説法。李覯〈孝原〉云：「禮職於儒，儒微而禮不宗，
故釋、老奪之。孝子念親必歸于寺觀，而宗廟不跡矣。……蓋有君臣、父子、
夫婦、親疏、長幼、貴賤、上下、爵賞、政事之義，是謂教之本也，彼寺觀
何義哉。」李覯認爲，禮義是儒者的本職，正因爲儒者對禮的把握已經式微，
故佛、老才有機可趁。李覯「儒微而禮不宗，故釋、老奪之」的思維，實與

至於詮釋的紛歧，北宋注解也不如唐代來得複雜，古文甚至有經無傳，司馬光曰「先秦舊書，傳注遺逸，孤學堙微，不絕如綫」，〔註76〕這引起了司馬光爲古文作《指解》的動機，故以《御注》成因對照之，後兩者已非注釋《孝經》的主要目的，唯一可討論的，只有釋奠講授《孝經》的意義。

　　省略禮儀的外在形式，釋奠講述《孝經》，基本上爲帝王教育之展現。隋代蘇威說「臣先人每誡臣云，唯讀《孝經》一卷，足以立身治國」；〔註77〕《新五代史》記荊南高從誨與後漢使者田敏應對，時荊南欲求郢州，新敗於漢，田敏誦《孝經·諸侯章》指其貪地而敗，田敏又說「至德要道，於此足矣」，〔註78〕田敏此言與蘇威《孝經》足以治國相去無幾，可見經歷隋、唐、五代，《孝經》仍被視爲帝王治道的基礎，邢昺講授《孝經》於真宗，即爲帝王教育的傳統。

　　唐玄宗與《孝經》之間的關係，原本也是帝王教育的要求，不過玄宗以盛世君王之姿，平息《孝經》的異義解釋，已經從上位者之教育，一轉而爲決斷學術的權威視角，而玄宗注三經，更可看出統攝學術的企圖心，故御注《孝經》實爲皇權的延續。

　　以帝王與《孝經》的關係作爲比較向度，北宋純粹是帝王學的展現。王明清記仁宗所受教育：

> 仁宗即位方十歲，章獻明肅太后臨朝。章獻素多智謀，分命儒臣馮章靖元、孫宣公奭、宋宣獻綬等，采摭歷代君臣事迹，爲《觀文覽古》一書；祖宗故事，爲《三朝寶訓》十卷，每卷十事；又纂郊祀儀仗，爲《鹵簿圖》三十卷。〔註79〕

《鹵簿圖》繪畫的是皇帝郊祀的儀仗隊伍，仁宗首次郊祀於天聖二年（A.D.

歐陽脩〈本論〉相近，如此論孝之目的，實欲重拾君臣父子之禮義，以此作爲排佛的根據。見〔宋〕李覯：〈慶曆民言·孝原〉，《李覯集》（臺北：漢京文化事業有限公司，1983年10月），頁246。

〔註76〕〔宋〕司馬光：〈進古文孝經指解表〉，《溫國文正司馬公文集》（臺北：臺灣商務印書館，1965年，四部叢刊初編第46冊影印常熟瞿氏藏宋紹興本），卷57，總頁428。

〔註77〕〔唐〕魏徵、令狐德棻：《隋書》，〈儒林〉，第6冊，頁1710。

〔註78〕〔宋〕歐陽脩：《新五代史》（北京：中華書局，1974年12月），〈南平世家〉，第3冊，頁858。

〔註79〕〔宋〕王明清，上海書局點校：《揮麈錄》（上海：上海書局出版社，2001年8月），頁42。

1024），《揮麈錄》事可繫於此；天聖二年，仁宗已經習完《孝經》，〔註80〕《續資治通鑑長編》又說：

> （按：天聖四年閏五月 A.D.1026）甲子，詔輔臣於崇政殿西廡觀侍
> 讀學士宋綬等讀《唐書》。上曰：「朕覽舊史，每見功臣罕能保始終
> 者，若裴寂、劉文靜俱佐命元功，不免誅辱。」……皇太后命擇前
> 代文字可資孝養、補政治者，以備帝覽，遂錄進唐謝偃〈惟皇誠德
> 賦〉，又錄《孝經》、《論語》要言，及唐太宗所撰《帝範》二卷，明
> 皇朝臣僚所獻《聖典》三卷、《君臣政理論》三卷上之。〔註81〕

劉太后指示帝王教育的核心目標，一為講求孝道，二是有助於治。漢代以來，《孝經》、《論語》一直是經學教育的基礎，兩書相較，《論語》或有治天下之說，〔註82〕但在「資孝養、補政治」的眼光下，《孝經》的孝治思想，比較符合劉太后的兩項標準，《孝經》有至德要道的皇德傳統，仁宗當然要學習它。至於《帝範》、《聖典》、《君臣政理論》、《觀文覽古》諸書，為史學教育與唐代帝王學的延續，兼有檢討前朝的史鑒涵義，《孝經》、《論語》與唐史、《帝範》等書，為仁宗所受之經史教育。此外，《三朝寶訓》之類，《文獻通考》又有《三朝聖政論》與《三朝訓鑒圖》兩種，〔註83〕這類書籍可視為「祖宗故事」的講授，是宋初三朝君臣行事、典章制度與決策過程。〔註84〕這種作法受到了吳兢《貞觀政要》的影響，檢討前朝之外，更要了解本朝是如何保有天下；據韓琦所言，這類教育是希望「昔周、漢守文之君，皆能行祖考之道，故神保其治而民安其法」，〔註85〕與劉太后以資孝補政的綱

〔註80〕以上見〔宋〕李燾，上海師範大學古籍整理研究所、華東師範大學古籍整理研究所點校：《續資治通鑑長編》，第 4 冊，頁 2362、2350、2357。

〔註81〕〔宋〕李燾，上海師範大學古籍整理研究所、華東師範大學古籍整理研究所點校：《續資治通鑑長編》，第 4 冊，頁 2409。

〔註82〕根據洪業的考證，趙普「半部《論語》治天下」之說出自南宋，並非歷史事實。參考洪業：〈半部論語治天下辨〉，收入《洪業論學集》（臺北：明文書局股份有限公司，1982 年 7 月），頁 405～426。

〔註83〕〔元〕馬端臨：《新校本文獻通考・經籍考》，下冊，頁 691～693。

〔註84〕相關研究請參考王德毅：〈宋代的聖政和寶訓之研究〉，《宋史研究集》第 30 輯（臺北：國立編譯館，1990 年 4 月），頁 1～26。鄧小南：《祖宗之法——北宋前期政治述略》（北京：生活・讀書・新知三聯書局，2006 年 9 月），第 5 章〈「祖宗之法」的正式提出〉，特別是頁 362～389。

〔註85〕根據韓琦的序文，這類書籍乃是「感唐臣吳兢所撰之《貞觀政要》」，由此可見故事、聖政的編纂受到了吳兢《貞觀政要》的影響。以上見〔宋〕韓琦，

領相同，〔註86〕他們都希望仁宗能先扮演好「繼體守文之君」的角色。

客觀條件而言，仁宗尚且年少，並無足夠的學識展現自己對於《孝經》的看法，不過從仁宗詢問「功臣罕能保始終者」可知，仁宗早年即以保守功業的角度來閱讀唐史，加上母后與群臣的要求，《孝經》對於仁宗的最大意義，正是保守基業的宣示。仁宗親政之後，以《尚書·無逸》篇與《孝經·天子、孝治、聖治、廣要道章》書於屏風，〔註87〕王應麟云：「〈無逸〉多言不敢，《孝經》亦多言不敢，堯、舜之兢業，曾子之戰兢，皆所以存此心也。」〔註88〕再就《孝經》四章的政治觀點，這裏標示出「德教加於百姓」、「孝治天下」、「成其德教，行其政令」、「安上治民，莫善於禮」等政教涵義，仁宗不像唐玄宗有掌控學術的企圖，而是以《孝經》作為執政者的警惕，此亦展現仁宗所受的教育風格。

觀察司馬光兩上《指解》的時機，都有太后輔政的政治背景，司馬光寓與《孝經》的意義，應與仁宗朝相似，乃是希望君主先從繼體守文的角色做起。司馬光以《孝經》義告英宗云：

> 《經》曰：「愛敬盡於事親，而德教加於百姓，刑于四海。」夫以陛下天授之資，愛敬之志，而又念夫百官者，祖宗之百官，不可以私非其人；府庫者，祖宗之府庫，不可以賞非其功；法令者，祖宗之法令，不可以罰非其罪，慎之重之，益自儆戒。……此誠孝德之極致也。〔註89〕

帝王教育、祖宗之法、《孝經》三者是聯繫在一起，司馬光以《孝經》強調延續祖宗的意義，並透過帝王教育的引線，司馬光將自我的想法灌輸其中。從司馬光對仁宗、英宗、神宗、哲宗四朝的上書可知，他的核心要旨無大改變，任人、守法與賞罰分明是勸諫皇帝的主要方針，《孝經》與孝的教育意義，就是希望皇帝能以祖宗為法，保守先皇以來的基業。范祖禹於哲宗講《孝經》

李之亮，徐正英箋注：〈三朝聖政錄序〉，《安陽集編年箋注》（成都：巴蜀書社，2000 年 10 月），上冊，頁 734。

〔註86〕但歐陽脩等人祖宗故事，實以祖宗之名，冀變法之意。參見鄧小南：《祖宗之法——北宋前期政治述略》，頁 377～378。

〔註87〕〔宋〕李燾，上海師範大學古籍整理研究所、華東師範大學古籍整理研究所點校：《續資治通鑑長編》，第 7 冊，頁 4184。

〔註88〕〔宋〕王應麟撰，〔清〕翁元圻注：《翁注困學紀聞》（臺北：臺灣商務印書館，1956 年 4 月，國學基本叢書第 1 集第 14 種），第 2 冊，頁 171。

〔註89〕〔宋〕司馬光：〈進古文孝經指解表〉，《溫國文正司馬公文集》，卷 57，總頁 428～429。

時，也說：

> 臣伏覩國史，章獻明肅太后嘗命侍讀宋綬，擇前代文字可以資孝養、
> 補政治者，以備仁宗觀覽。……愚竊以聖人之行莫先於孝，書莫先
> 於《孝經》。……伏惟陛下方以孝治天下，此乃羣經之首，萬行之宗，
> 儻留聖心，則天下幸甚！〔註90〕

仁宗所受之教育也進入了祖宗故事，由於《孝經》與祖宗有如此強烈的連帶
關係，范祖禹希望保留仁宗朝所留下來的《孝經》圖，又仿照劉太后事，以
《尚書》、《論語》、《孝經》等可「資孝補政」者進言於上，〔註91〕在元祐更
化的氛圍裏，這或許有推翻新法的政治思考，不過這並不是臨機作法，而是
仁宗以來的教育規模。〔註92〕

第三節 經文選定的今古之別

一、御《注》參定今文

　　玄宗君臣採用今文本，司馬光、范祖禹與即將討論的朱熹、楊簡、錢時
等人都採用古文，經文的選擇，是唐、宋儒的明顯差異。古文多〈閨門〉一
章，〈閨門章〉說「妻子臣妾，猶百姓徒役也」，暫且不論經義，此語著墨於
妻妾之事，後世讀者很容易把〈閨門章〉與武、韋、貴妃等事聯想起來，甚
至有學者認爲，玄宗君臣不取此章，導致了唐代的衰敗。〔註93〕因今古文的

〔註90〕〔宋〕范祖禹：〈進古文孝經說劄子〉，《范太史集》（臺北：臺灣商務印書館，
　　　　1969～1970 年，四庫全書珍本初集第 248 冊），卷 14，頁 9 下～10 上。
〔註91〕〔宋〕范祖禹：〈乞留無逸孝經圖劄子〉、〈進經書要言劄子〉，《范太史集》，
　　　　卷 14，頁 4～5 上、8 下～9。
〔註92〕《孝經》與新法的關係另詳第六章第一節。
〔註93〕明代孫本認爲劉炫僞造的說法是：「〈閨門〉一章……。此唐司馬貞欲削〈閨
　　　　門章〉爲國諱，不得不以古文爲僞，故駕是說以欺壓同議。」四庫館臣批評
　　　　其說云：「明孫本作《孝經辨疑》，併謂：『唐宮闈不肅，貞削〈閨門〉一章，
　　　　乃爲國諱。』夫削〈閨門〉一章，遂啓幸蜀之釁。使當時行用古文，果無天
　　　　寶之亂乎？」由四庫館臣的批評可知，孫本有把〈閨門章〉與女后、貴妃、
　　　　安史之亂等事聯繫的說法。以楊貴妃與安史之亂爲例，論者或謂楊國忠亂政
　　　　爲天寶之亂的原因之一，楊國忠能掌權又是因爲楊貴妃的關係。但是根據許
　　　　道勛的分析，楊國忠與楊貴妃並不密切，楊貴妃對堂兄也不是十分支持，唐
　　　　玄宗會任用楊國忠，主要是其精明理財的能力，職是之故，不能把天寶之亂
　　　　歸咎於楊貴妃。見明‧孫本：《釋疑‧古文流傳本末》，收入明‧朱鴻編《孝

選擇導致了盛世的衰敗，這可能過分看重《孝經》與今古文問題，〔註94〕不過，在經文層次上，古今之別的確是兩代學人的明顯差異，有必要說明。

玄宗君臣注疏《孝經》之時，正處於古、今、孔、鄭的論戰之中，這又可區分爲：「今文——鄭《注》」與「古文——孔《傳》」兩派人馬的對抗。先以「今文——鄭《注》」論之，今文與鄭《注》，實爲兩個獨立的概念，劉向、劉歆講的今文，主要是章節、字數等經文差異，鄭《注》則是註解詮釋的不同。《隋書・經籍志》著錄了三種《孝經》經文，分別附有孔《傳》、鄭《注》與王肅《解》，經文俱附注解，在版本體式上，經注之間緊密相依；〔註95〕敦煌遺書還看得到純粹的《孝經》白文，但也多附鄭〈序〉，〔註96〕這些都顯示了今文、鄭《注》密不可分的關係。另一方面，因劉炫之故，古文、孔《傳》又重新出現，古文的經傳義疏也是一個整體，古今之別遂成兩組對抗的局勢。

經文附以注文的形式，可從《經典釋文》與《群書治要》證明。陸德明說「隨俗用鄭《注》十八章本」，〔註97〕今文較古文通行，這可能是唐儒選擇今文的主要原因。除此之外，《群書治要》帶有官方色彩，〔註98〕採納「今文——鄭《注》」，已有先例，在通行與舊例之下，玄宗君臣依舊採納十八章今文本。

「今文——鄭《注》」久立學官，流傳已久，但這不代表十八章今文沒有異文異讀的問題。唐初編纂《五經正義》之前，先有顏師古校定經文，依此

經總類》（上海：上海古籍出版社，1995 年，續修四庫全書第 151 冊影印北京圖書館藏明抄本），午集，頁 22，總頁 134。提要見《孝經注疏》，《欽定四庫全書總目》，頁 3 上。另參考許道勳、趙克堯：《唐玄宗傳》（北京：人民出版社，1993 年 1 月），頁 453。

〔註94〕 四庫館臣外，明代呂維祺已辨曰：「夫貞固未嘗削之也。且玄宗亦詔孔鄭並存，豈玄宗不自諱而貞反諱之乎？是未嘗深考當時之實而妄議之也。」見明・呂維祺：《孝經大全》（上海：上海古籍出版社，1995 年，續修四庫全書第 151 冊影印影印康熙二年呂兆璜刻本），卷 9，頁 12 下。

〔註95〕 見〔唐〕魏徵、令狐德棻：《隋書》，〈經籍一〉，第 4 冊，頁 933。

〔註96〕 許建平：《敦煌經籍敘錄》（北京：中華書局，2006 年 9 月），頁 387～388。

〔註97〕 〔唐〕陸德明，吳承仕疏證，秦青點校：《經典釋文序錄疏證》（北京：中華書局，1984 年 3 月），頁 135。

〔註98〕 魏徵受太宗命，編《群書治要》以供聖覽，此書雖非立館開閣，但是已經有官方制定的性質。見〔唐〕魏徵編：《群書治要》（臺北：臺灣商務印書館，1965 年，四庫叢刊初編子部第 26 冊影印十八世紀日本尾張刊本），序目，總頁 5～6。

程序推測，玄宗君臣在注疏之前，應先確定經文的內容。〔註99〕今文《孝經》較大的異文出現於〈廣揚名章〉，《治要》引經爲「居家理故治可移於官」，《經典釋文》則有「居家理故治」，小注又說「讀居家理故治絕句」，〔註100〕陸德明讀〈廣揚名章〉爲「居家理故治，可宜於官」。不過，敦煌遺書 P.3274 云：

　　子曰：事親孝，居家脩理，則爲治之法，可移於官。一讀云「居家理治」，治屬上句，故者連上之辭。〔註101〕

除了「居家理故治，可移於官」，尚有作「居家理治，故可移於官」的讀法，既有此讀，很可能也有相對應的經文。《疏》文又說：

　　先儒以爲「居家理」下闕一「故」字，《御注》加之。〔註102〕

玄宗君臣看到的本子原作「居家理，治可移於官」，則〈廣揚名章〉當時至少有三個版本（敦煌遺書又有微異，詳見下表），一個是《釋文》、《治要》的「居家理故治可移於官」，〔註103〕二是「一讀云」的「居家理治，故可移於官」，三是玄宗君臣原見之「居家理，治可移於官」。

　　P.3274 寫於天寶元年，《御注》及《疏》則橫跨開元、天寶，二三讀之間有重疊性，理應並存於世。以《釋文》、《治要》代表唐初經文，到第二讀之間，「故」

〔註99〕確定底本是學術工作的常態，故不只唐人有校定經文的「定本」，隋也有其「定本」，魏、晉、六朝爲書籍註解之學者，理應也有各書之定本。參考張寶三：《五經正義研究》（國立臺灣大學中國文學研究所博士論文，張以仁先生指導，1992 年 6 月），頁 450～457。

〔註100〕〔唐〕陸德明，鄧仕樑、黃坤堯校訂索引：《新校索引經典釋文》（臺北：學海出版社，1988 年，影印清康熙年間通志堂經解刻本），卷 23，頁 6 下。按：《經典釋文·孝經音義》的小注可能有後人校定之語，但即使此爲唐以後補注，從《釋文》反切的位置，就可知道陸德明讀爲「居家理故治」。關於小注的問題，參考〔清〕臧琳：〈孝經音義考正〉，《經義雜記》（臺北：藝文印書館，1970年，叢書集成續編影印清嘉慶年間拜經堂叢書本），卷 16，頁 11 下～13 下。

〔註101〕圖版見陳鐵凡編纂：《敦煌本孝經類纂》，頁 148。釋文參考陳金木：〈敦煌本孝經鄭氏解義疏釋文〉，附錄於《皇侃之經學》，頁 468。

〔註102〕《孝經注疏》，卷 7，頁 2 下。

〔註103〕《群書治要》鄭《注》的位置在「可移於官」下，《釋文》則在「故治」下斷開，雖然經文一致，但兩書的讀法可能不同，故此先不標點，詳見以下討論。另，皮錫瑞以《疏》文爲據，認爲鄭《注》經文應作「居家理治，可移於官」，「故」字乃陸德明所加。依照皮錫瑞的判斷，陸德明應讀作：「居家理治，故可移於官」，不過從〈孝經音義〉的斷句與小注的說明，「居家理治，故可移於官」並非陸德明的讀法，皮氏之說可能有誤。見〔唐〕魏徵編：《群書治要》，卷 9，總頁 114。〔清〕皮錫瑞：《孝經鄭注疏》（西安：陝西人民出版社，2007 年，四部文明商周文明卷第 20 冊影印光緒年間皮氏師伏堂叢書本），卷下，頁 20 下。

字有移動的現象；唐初經文到第三讀之間，「故」字甚至消失，「故」字的移動與消失，是版本上的差異。在今文版本的選擇上，玄宗君臣以無「故」字的經文爲底本，同時也注意到：可能應有一「故」字，但從《疏》文可知，玄宗君臣的校定方式，並不是從多個版本比較，而是參考先儒的讀法。再從讀法分析，《釋文》「居家理故治」的「治」字，是對「居家理」所作的形容或述語，而 P.3274 解釋的「爲治之法」帶有名詞性質，「則」字又與上句隔開，「治」字不屬上句，而是下一句的主語，同時，「居家脩理」可對應「居家理」，此解又不用「故」字，P.3274 子曰一段，似乎就是玄宗君臣原見「居家理，治可移於官」的解釋，在三種異文中，這可能是當時較爲通行的本子，故《御注》採用爲底本。

從今古文到今文異文的選擇，玄宗君臣考慮的標準似乎是通行與否，而以「先儒以爲」加一「故」字，很可能是受鄭《注》（或是鄭學）的影響。《群書治要》引鄭《注》爲：

> 君子所居則化，所在則治，故可移於官也。〔註104〕

鄭《注》爲《御注》所採，唯無「所在則治」。鄭《注》以「故」字作爲因果關係的連接，「故」屬下讀，《御注》即依鄭《注》（或是鄭學）之意，增一「故」字於下。《群書治要》引《孝經》文爲「居家理故治可移於官」，依照鄭《注》「故」屬下讀的讀法，句讀應作「居家理，故治可移於官」；《御注》以「居家理，治可移於官」爲底本，參考鄭《注》加一「故」字作連接詞，雖然《御注》並非依異本校勘，但產生了與《群書治要》相同的句讀。

其他的異文部份，敦煌遺書 P.3274 引〈事君章〉爲「故上下治能相親」，〔註105〕《群書治要》原與此同，〔註106〕但鄭《注》曰「君臣同心，故能相親」，鄭《注》不論「治」字，《御注》定經文爲「故上下能相親」，《御注》也無「治」字，亦與鄭《注》較爲貼合。〔註107〕〈聖治章〉《御注》云「各備其職來助祭也」，助祭之解來自於古文、孔《傳》，不過《御注》經文仍守今文分際。

〔註104〕〔唐〕魏徵編：《群書治要》，卷9，總頁114。

〔註105〕圖版見陳鐵凡編纂：《敦煌本孝經類纂》，頁151。釋文參考陳金木：〈敦煌本孝經鄭氏解義疏釋文〉，附錄於《皇侃之經學》，頁471。

〔註106〕尾張刊本上注云：「『上』下舊有『治』字，刪之。」見〔唐〕魏徵編：《群書治要》，卷9，總頁115。

〔註107〕陳鐵凡認爲「故上下治能相親」才是鄭《注》本意，論曰：「邢《疏》：『君臣上下情志通協能相親也。』殆亦就『上下治能相親』以申說。」然「情志通協」如何是「治」之申說，似乎需要說明。見陳鐵凡：《孝經鄭氏解抉微・孝經鄭氏解斟銓》（臺北：燕京文化事業股份有限公司，1977年8月），頁130。

　　藉由上述討論可知，通行與否是玄宗君臣參定經文的主要考量，《注》、《疏》不選古文，似無多大深意。鄭《注》今文本雖然較爲通行，但異文異讀仍多，舉凡訛字、增字、脫落、顛倒、避諱、字體筆劃與虛字的使用，今文之內仍相當繁雜，〔註108〕故參考異讀、選定經文，乃爲玄宗君臣的首要工作，而《注》、《疏》即使用古文經義，經文的參定仍以鄭《注》爲主。以下製一簡表，凡訛字、虛字等對經義影響較小者一概不錄，〔註109〕以見《御注》對今文經文的參定。

今文異文簡表

《御注》經文	敦煌遺書	備　　考
開宗明義章第一 仲尼居，曾子侍。子曰：「先王有至德要道，以順天下，民用和睦，上下無怨。汝知之乎？曾子避席曰：「參不敏，何足以知之？」子曰：「夫孝，德之本也，教之所由生也。復坐，吾語汝。身體髮膚，受之父母，不敢毀傷，孝之始也。立身行道，揚名於後世，以顯父母，孝之終也。夫孝，始於事親，中於事君，終於立身。〈大雅〉云：『無念爾祖，聿脩厥德。』」	P.2545 作「立身之道」（《類纂》頁70）。〔註110〕	
諸侯章第三 在上不驕，高而不危；制節謹度，滿而不溢。高而不危，所以長守貴也。滿而不溢，所以長守富也。富貴不離其身，然後能保其社稷，而和其民人。蓋諸侯之孝也。《詩》云：「戰戰兢兢，如臨深淵，如履薄冰。」	P.3830 作「富貴不治其身」（19）。	
卿大夫章第四 非先王之法服不敢服，非先王之法言不敢道，非先王之德行不敢行。是故非法不言，非道不行；口無擇言，身無擇行。言滿天下無口過，行滿天下無怨惡。三者備矣，然後能守其宗廟。蓋卿大夫之孝也。《詩》云：「夙夜匪懈，以事一人。」	P.2545 作「非先王諸法言不敢道」（70）。	

〔註108〕　參考李德超：〈敦煌本孝經校讎〉，《第二屆敦煌學國際研討會論文集》（臺北：漢學研究中心，1991 年 6 月），頁 99～124。

〔註109〕　詳情見上註李德超文。

〔註110〕　圖版見陳鐵凡編纂：《敦煌本孝經類纂》，頁 70。按：括號內數字即爲《類纂》頁碼，以下不再出註。

士章第五 資於事父以事母，而愛同；資於事父以事君，而敬同。故母取其愛，而君取其敬，兼之者父也。故以孝事君則忠，以敬事長則順。忠順不失，以事其上，然後能保其祿位，而守其祭祀。蓋士之孝也。《詩》云：「夙興夜寐，無忝爾所生。」	P.3698、S.728、S.6177+P.3378、作「可以事上」（77）、（10）、（163）。	鄭《注》云：「事君忠，事長順，二者不失，可以事上。」敦煌寫本或爲學鄭學者的一種異文與讀法。
庶人章第六 用天之道，分地之利，謹身節用，以養父母。此庶人之孝也。故自夫子至於庶人，孝無終始，而患不及者，未之有也。	S.5545 作「分地之理」（23）。 S.6177+P.3378 作「故自天子以下至庶於人」（164）。 敦煌本多作：「而患不及己者」。	鄭《注》爲「分地之利」，《御注》探之。寫本多作「而患不及己者」，李德超認爲敦煌本多有「己」字，乃當時皆然。《御注》則另有詮釋，請見後文終始之義的討論。
孝治章第八 子曰：「昔者明王之以孝治天下也，不敢遺小國之臣，而況於公侯伯子男乎？故得萬國之懽心，以事其先王。治國者，不敢侮於鰥寡，而況於士民乎？故得百姓之懽心，以事其先君。治家者，不敢失於臣妾，而況於妻子乎？故得人之懽心，以事其親。夫然，故生則親安之，祭則鬼享之，是以天下和平，災害不生，禍亂不作。故明王之以孝治天下也如此。《詩》云：「有覺德行，四國順之。」	P.3830 作「不嚴少國之臣，而況於公侯百子男乎」（20）。	
聖治章第九 曾子曰：「敢問聖人之德，無以加於孝乎？」子曰：「天地之性，人爲貴。人之行，莫大於孝。孝莫大於嚴父，嚴父莫大於配天，則周公其人也。昔者，周公郊祀后稷以配天，宗祀文王於明堂，以配上帝。是以四海之內，各以其職來祭。夫聖人之德，又何以加於孝乎？故親生之膝下，以養父母日嚴。聖人因嚴以教敬，因親以教愛。聖人之教，不肅而成，其政不嚴而治，其所因者本也。父子之道，天性也，君臣之義也。父母生之，續莫大焉。君親臨之，厚莫重焉。故不愛其親而愛他人者，謂之悖德；不敬其親而敬他人者，謂之悖禮。以順則逆，民無則焉。不	P.2545 作「各以其職□助祭」（72）。 P.2715、P.3369、P.3372、P.3416、P.3698、P.3830 作「各以其職來助祭」（32）、（4）、（66）、（87）、（78）、（21）。 S.728、S.1386 也作「各以其職來助祭」（12）、（95）。 P.2545 作「用政可觀」（73）。	《御注》云「各備其職來助祭也」，此乃古文、孔《傳》之解，但經文仍以今文爲主。

在於善，而皆在於凶德，雖得之，君子不貴也。君子則不然，言思可道，行思可樂，德義可尊，作事可法，容止可觀，進退可度，以臨其民。是以其民畏而愛之，則而象之，故能成其德教，而行其政令。《詩》云：『淑人君子，其儀不忒。』」		
廣揚名章第十四 子曰：「君子之事親孝，故忠可移於君；事兄悌，故順可移於長；居家理，故治可移於官。是以行成於內，而名立於後世矣。」	P.3369 作「居家治理可以於官」(6)。 P.3698、S.6165 作「居家治理可移於官」(79)、(51)。 S.728 作「居家治里可移於官」(14)。 S.1386 作「居家理治可移於官」(97)。	請見上文討論。
事君章第十七 子曰：「君子之事上也，進思盡忠，退思補過，將順其美，匡救其惡，故上下能相親也。《詩》云：『心乎愛矣，遐不謂矣，中心藏之，何日忘之？』」	P.3416、P.3698 作「故上下治能相親」(90)、(80)。	請見上文討論。另，孔《傳》云「故不言能知而政治者」，唯古文、孔《傳》論及治字。
喪親章第十八 子曰：「孝子之喪親也，哭不偯，禮無容，言不文，服美不安，聞樂不樂，食旨不甘，此哀戚之情也。三日而食，教民無以死傷生。毀不滅性，此聖人之政也。喪不過三年，示民有終也。為之棺槨衣衾而舉之；陳其簠簋而哀慼之；擗踴哭泣，哀以送之；卜其宅兆，而安措之；為之宗廟，以鬼享之；春秋祭祀，以時思之。生事愛敬，死事哀慼，生民之本盡矣，死生之義備矣，孝子之事親終矣。」	P.2715、S.3369 作「此聖人之教」(37)。	孔《傳》作「正」，解為聖人之正制。

二、〈閨門章〉的史鑒涵義

　　玄宗君臣因隨俗通行而採用今文本，採用與否，之間並無多大深意。至於經注間的關係，《御注》雖以鄭《注》衡量今文的內部歧異，但這並不表示，玄宗君臣全盤接受鄭學的看法。再以〈聖治章〉來作說明，雖然採用今文「各

以其職來祭」，但《注》、《疏》實以「助祭」爲注，這就接受了古文、孔《傳》的看法，故《注》、《疏》不能歸入「今文——鄭學」的陣營裏。

依照宋初《孝經》的藏書狀況，眞宗與仁宗所學習的《孝經》，應該都是今文十八章本，宋初雖然有學者針對古文研究，但司馬光《指解》之前，古文仍是絕學；司馬光以保存典籍爲出發點，〔註111〕兩上《古文孝經指解》於仁宗、哲宗朝。除了保存的緣故，司馬光也對古今異文作出評價。他認爲古文本「其文則非，其語則是也」，〔註112〕在傳抄的過程中，北宋所見的古文《孝經》雖非孔壁眞貌，但內容眞實可信。范祖禹接武司馬光，也對哲宗說：「臣竊考兩書，雖不同者無幾，然古文實得其正，故嘗妄以所見，又爲之《說》。」〔註113〕自劉向校書以來，今古文較大的差異在於〈閨門章〉，除此之外，文本的差異實在不多。范祖禹考察今古文，也得出相同結論，但他仍與司馬光相同，堅持古文比較正確。參考范祖禹的判斷，所謂「其語則是」、「古文實得其正」，應該不是文字字體、章節段落或增字虛字的認同，必須落在〈閨門章〉來討論，才能了解司馬光、范祖禹盛讚古文之因。

〈閨門章〉云：「子曰：『閨門之內具禮矣乎，嚴父嚴兄，妻子臣妾，猶百姓徒役也。』」〔註114〕此語可析爲三：禮在家庭之內即要充足完備，禮字爲全章核心要旨；在禮的統攝下，「嚴父嚴兄」標舉出父系兄長作爲綱領，最後在禮與父兄爲主的綱領下，妻子臣妾能有所管理，從禮、父兄綱領、再到夫妻關係，〈閨門章〉有依次拓展的層次感。比較其他章節，重禮的觀念並無爭議，不過〈孝治章〉說：「治家者，不敢失於臣妾，而況於妻子乎？」這裏說「不敢失於臣妾」，似乎與〈閨門章〉強調的「嚴」字有不同感受；〈聖治章〉雖然也說「嚴父配天」、「因嚴以教敬」，但最理想的境界還是要「不肅而成」、「不嚴而治」，〔註115〕如此〈閨門章〉則有些微不同。另一方面，〈閨門章〉並無前人解說可供參考，正因如此，更可藉由〈閨門章〉看出司馬光、范祖禹兩人對《孝經》的掌握。

司馬光注解此章先說：「閨門之內，其治至狹，然而治天下之法舉在是矣。」

〔註111〕 參見本論文頁 90。

〔註112〕 〔宋〕司馬光：〈古文孝經指解序〉，《溫國文正司馬公文集》，卷 64，總頁 480。

〔註113〕 〔宋〕范祖禹：〈進古文孝經說箚子〉，《范太史集》，卷 14，頁 10 上。

〔註114〕 〔宋〕司馬光：《古文孝經指解》，收入《孝經注解》（臺北：漢京文化事業有限公司，1985 年，通志堂經解第 35 冊），頁 17 上。

〔註115〕 以上見《孝經注疏》，卷 4，頁 3 上；卷 5，頁 4 下。

見微知著，家庭內蘊含了治理天下的道理，此爲移孝作忠的大前提。國家之間存在相通的道理，這個道理就是〈閨門章〉所標舉出的「禮」，是「事君事長之禮」，君臣父子的倫理綱要乃其一貫相通之處。重禮思想、又標舉禮在國家之間的共通性，這是司馬光看重《孝經》的思想要點，又因爲〈閨門章〉與《孝經》其他章節存有微異，司馬光引用了其他經書來注釋：

> 唐明皇時，議者排毀古文，以〈閨門〉一章爲鄙俗不可行，《易》曰：「正家而天下定。」《詩》云：「刑于寡妻，至於兄弟，以御於家邦。」與此章所言何以異哉？〔註116〕

司馬光編纂《家範》，全書總綱即引〈家人〉卦與〈閨門章〉，〔註117〕由此可見他對〈閨門章〉的重視。〈家人‧象傳〉說：「男女正，天地之大義也。家人有嚴君焉，父母之謂也。父父，子子，兄兄，弟弟，夫夫，婦婦，而家道正；正家而天下定矣。」〔註118〕司馬光引得比較簡略，借助〈家人‧象傳〉的解釋，嚴父嚴兄與此嚴君相似，重點在於父子、兄弟、夫婦此家道倫常上的掌握，又嚴君掌握相同的綱紀，故正家而天下定也。〈大雅‧思齊〉雖然不如〈家人〉有如此相似的說法，但是毛《傳》以「法」訓「刑」，鄭《箋》釋爲「禮法」，孔《疏》釋爲：「以禮法接待其妻，明化自近始，是正己身以及天下之身，正己妻以及天下之妻。」〔註119〕依《注》、《疏》解釋，刑于寡妻是以禮法接待配偶，司馬光借助〈思齊〉說明〈閨門章〉也是禮法治家、以禮相待之意。不過司馬光又說「御之必以其道，然後上下相安」，〔註120〕父兄與妻妾之間並非平等對稱，妻妾是禮法綱領下的被管理者，司馬光雖然重視禮法治家的管理過程，但他也強調：此等禮治乃是爲了家庭安樂和諧。在此詮釋之下，〈閨門章〉或許與《孝經》的其他章節不同，但這仍舊是經籍蘊含的思想。觀察司馬光的處理，引〈齊思〉爲證，似乎不言自明，但背後實有《注》、《疏》的詮釋，由此再進一步進入《孝經》的注解之內。至於《孝經》的嚴父義，司馬光論《孝經》嚴父配天時，說道：

〔註116〕以上見〔宋〕司馬光：《古文孝經指解》，收入《孝經注解》，頁 17 上。
〔註117〕另外還有〈大學〉「修身、齊家、治國、平天下」與《尚書》舜的事蹟。見〔宋〕司馬光：《家範》（臺北：臺灣商務印書館，1983 年，文淵閣四庫全書第 696 冊），卷 1，頁 3～4。
〔註118〕〔魏〕王弼、〔晉〕韓康伯注，孔穎達等疏：《周易注疏》，卷 4，頁 16 下。
〔註119〕《毛詩注疏》，卷 16 之 3，頁 12 下～13。
〔註120〕〔宋〕司馬光：《家範》，卷 1，頁 3 下。

> 古之帝王自非建邦啓土，及造有區夏者，皆無配天之文。故雖周之
> 成、康，漢之文、景、明、章，其德業非不美也，然而子孫不敢推
> 以配天者，避祖宗也。《孝經》曰「嚴父莫大於配天，則周公其人
> 也」，孔子以周公有聖人之德，成太平之業，制禮作樂，而文王適
> 其父也，故引之以證聖人之德莫大於孝。荅曾子之問而已，非謂凡
> 有天下者，皆當尊其父以配天，然後爲孝也。近世祀明堂者，皆以
> 其父配五帝，此乃誤識《孝經》之意，而違先王之禮，不可以爲法
> 也。……國家受天永命，傳祚萬世，若繼體守文之君，皆得配天，
> 則子孫將有無窮之數，與祖宗無別也。〔註121〕

英宗即位之初，仁宗欲配何禮的問題，立刻浮上檯面。「配以近考」乃當時通
行的原則，〔註122〕前代之君迭次配天，眞宗朝以太祖配、仁宗朝以眞宗配，
在此原則下，英宗朝自然也可以仁宗配天，但司馬光認爲嚴父配天，並非迭
次繼承的前代君主，開邦闢土之君才有此資格，所謂《孝經》嚴父之道，在
司馬光的心中，其實是嚴祖之義，即是對於前述祖宗之法的遵從。

　　無論《指解》、《家範》還是相關說法，司馬光只是注解式的提點，直到
范祖禹才有系統性的說法。云：

> 閨門之內，具治天下之禮也。嚴父則尊君也，嚴兄則敬長也。妻子
> 猶百姓，臣妾猶徒役。國以民爲本，家以妻子爲本，非民無以爲國，
> 非妻與子無以爲家，待妻子以禮，遇臣妾以道，則猶百姓不可不重，
> 徒役不可不知其勞也。〔註123〕

范祖禹大致依循司馬光的意見，閨門之內，具備了治理天下的道理，禮貫通國
家之間。嚴父即尊君，此即〈家人・象〉傳君臣父子的道理，至於妻子／百姓、
臣妾／徒役的比附，相較於司馬光疑孟的態度，范祖禹以孟子爲本，〔註124〕在
此成爲以民爲本的論述。若把〈象〉傳提到的父子、兄弟、夫婦，視爲兩端點
間的人際關係，司馬光使用「上下」、「御之」的語言，兩點之間爲一上下視野，
顯露出上位者的統御，故在研究者的心中，司馬光被視爲等級制度、甚至上位
者的維護者；〔註125〕而范祖禹以妻爲本、以民爲本的出發點，就不是一個上下

〔註121〕〔宋〕司馬光：〈配天議〉，《溫國文正司馬公文集》，卷27，總頁249。
〔註122〕〔宋〕李燾，上海師範大學古籍整理研究所、華東師範大學古籍整理研究所
　　　　點校：《續資治通鑑長編》，第8冊，頁4912。
〔註123〕〔宋〕范祖禹：《古文孝經說》，收入《孝經注解》，頁17上。
〔註124〕後引孟子曰：「天下之本在國，國之本在家，家之本在身。」同上註。
〔註125〕〔美〕包弼德，李鍾濤、劉建偉譯：〈政府、社會和國家——關於司馬光和王

階級的人際結構，上對下的要求相對薄弱，故此論述之下，嚴字所透露的森嚴感，較爲淡薄，而這種差異，或許就是范祖禹採信孟子的緣故。在范祖禹的解說之下，「嚴」字並非重點，這與司馬光不同，不過這不表示范祖禹不重視君臣父子的人倫綱領。

　　歐陽脩認爲唐代因武、韋、貴妃等女禍而敗，〔註126〕在前文舉出的人倫綱領裏，女禍可歸屬於夫婦一倫的失衡，李覯云：

　　　　天下之理，由家道正，女色階禍，莫斯之慎。〔註127〕

對於歐公、李覯，夫婦一倫極爲重要，可說是唐代衰敗的主因，將此評聯繫至〈閨門章〉，即爲明儒所作的理解（孫本以夫婦一倫爲〈閨門章〉主旨，唐儒不取〈閨門章〉，即爲夫婦倫的忽視，故唐代因此而亡）。司馬光借助《周易》、《詩經》等義，也對唐儒表達了不滿，〈閨門章〉所蘊含的君臣、父子、兄弟、夫婦綱領，嚴父與妻妾之論，都是經籍本有的道理，司馬光的注解補充，正是對於唐儒的反駁，在此禮治綱領的考量下，古文「實得其正」。司馬光視父子兄弟之分際，爲歷史治亂主因。〔註128〕不過在〈唐紀〉史論裏，司馬光並無相關之語，更不採取女禍的觀點。〔註129〕因此，司馬光實無以〈閨門章〉與女禍事比附的解讀。相較於此，范祖禹《唐鑑》總結有唐一代云：

　　　　昔三代之君，莫不脩身齊家以正天下，而唐之人主，起兵而誅其親
　　　　者，謂之「定內難」，偪父而奪其位者，謂之「受內禪」，此其閨門
　　　　無法，不足以正天下，亂之大者也。〔註130〕

　　　　安石的政治觀點〉，《宋代思想史論》（北京：社會科學文獻出版社，2003年12月），頁134。按：本文雖然和包弼德比較的對象不同，但王安石與范祖禹都認同孟子以民爲本的思想，故對於人倫綱領的態度，兩人都呈現與司馬光不同的風貌。

〔註126〕《新唐書》評之曰：「嗚呼，女子之禍於人者甚矣！自高祖至于中宗，數十年間，再罹女禍，唐祚既絕而復續，中宗不免其身，韋氏遂以滅族。玄宗親平其亂，可以鑒矣，而又敗以女子。」見〔宋〕歐陽脩、宋祁：《新唐書》，〈本紀第五〉，第1冊，頁154。

〔註127〕〔宋〕李覯：《周禮致太平論・序》，《李覯集》，頁67。

〔註128〕《資治通鑑》開篇即以禮之綱紀分際作爲首要的歷史借鑑。見〔宋〕司馬光，標點資治通鑑小組點校：《資治通鑑》（北京：中華書局，1956年6月），第1冊，總頁2。

〔註129〕參考陶懋炳：《司馬光史論探微》（長沙：湖南師範大學出版社，1989年11月），頁114。

〔註130〕〔宋〕范祖禹：《唐鑑》（臺北：世界書局，1986年，摛藻堂四庫全書薈要第236冊），卷24，頁24。

司馬光雖強調君臣父子的禮治綱領，但他對於玄武門之變，並無嚴厲批評，在唐太宗顯赫功業的光芒之下，建成太子黯淡許多，唐太宗坐上大位是情勢使然。〔註131〕不過范祖禹對此有不同的意見，從「起兵而誅其親」與「偪父而奪其位」諸語可知，范祖禹認為，從唐太宗玄武門之變起，唐代就植入了衰敗的種子，他又說：「建成雖無功，太子也；太宗雖有功，藩王也。太子君之貳，父之統也，而殺之是無君父也。」〔註132〕范祖禹對於父子兄弟之分際，更加嚴格，無論太宗功業如何顯赫，都不該破壞立嫡以長的原則，正因為唐太宗繼位不正，以至於唐代皇帝的繼承多有紛擾。聯繫「閨門無法」之語，在《唐鑒》的批評裏，似乎有〈閨門章〉的影子，〈閨門章〉可作為前車之鑑。不過范祖禹並沒有將唐代的衰敗，簡單化約為《孝經》今古文的選擇，同時此等借鑑並非女禍之比附，而是基於繼承的穩定性，強調君臣父子分際——此嚴父嚴兄的準則，故在皇帝繼承的大事裏，范祖禹對〈閨門章〉嚴字涵義的要求，比司馬光有過之而無不及。

第四節　詮釋差異的思想特徵

司馬光上《指解》曾說：「其今文舊注有未盡者，引而伸之，其不合者，易而去之。」〔註133〕此「今文舊注」，指的就是《御注》，合編本的出現或鑑於此。名物禮制為《疏》文一大特色，〔註134〕但《解》、《說》不採名物訓詁之言，相較之下，較為簡潔，這是風格上的差別。至於「其不合者，易而去之」，在內容上的歧異，筆者歸納八處較為可說。字詞解釋方面，〈聖治

〔註131〕司馬光評之曰：「立嫡以長，禮之正也。然高祖所以有天下，皆太宗之功；隱太子以庸劣居其右，地嫌勢逼，必不相容。向使高祖有文王之明，隱太子有泰伯之賢，太宗有子臧之節，則亂何自而生矣！……夫創業垂統之君，子孫之所儀刑也，彼中、明、肅、代之傳繼，得非有所指擬以為口實乎！」禮之綱領是司馬光評論的基礎，理想之中，司馬光主張「立嫡以長」，不過在玄武門之變裏，司馬光並沒有依此原則深作批評，藉由「隱太子以庸劣居其右」可知，除了唐太宗功業顯赫，在司馬光的心理，唐太宗也比建成太子賢能得多，這或許是司馬光不加以苛責的原因，不過司馬光也認為玄武門之變對唐代立嗣的問題產生了不良影響，這點與范祖禹的《唐鑒》相同。見〔宋〕司馬光，標點資治通鑑小組點校：《資治通鑑》，第13冊，總頁6012～6013。
〔註132〕〔宋〕范祖禹：《唐鑒》，卷2，頁6下。
〔註133〕〔宋〕司馬光：〈古文孝經指解序〉，《溫國文正司馬公文集》，卷64，總頁480。
〔註134〕參考柯金木：〈邢昺《孝經正義》研究〉，《孔孟學報》第79期（2001年9月），頁127～130。

章〉「雖得之，君子不貴也」，《注》、《疏》解「得之」爲「得志」，司馬光解爲「功利」，但范祖禹又說爲「得志」；〔註135〕同此功利之解，〈諸侯章〉「富貴不離其身」，《御注》「言富貴常在其身」，司馬光不喜富貴功利之言，〔註136〕故去此富貴功利之言。串講解釋方面，同章「三者備矣，然後能守其宗廟」語，《注》、《疏》解爲服、言、行三者，《解》、《說》更抽象爲出於身、接於人、行於天下。〔註137〕思想詮釋方面，首章身體髮膚之保身論，司馬光強調有殺身成仁之特例。〔註138〕除此四例，其他四個部份乃《孝經》之作者、〈士章〉父母愛敬義、〈庶人章〉終始不及之義、〈事君章〉之諫諍思想；藉由《注》、《疏》、《解》、《說》差異的統計，間接反應出兩組學說歧異處少，同者甚多。以下將繼續對未敘述的四部份，深入推究，其中可以發現，這些微異之處，各自彰顯了漢以來，魏、晉、六朝以來，唐以來的思想特徵，司馬光、范祖禹兩人對此有所繼承，也有所拋棄，在此《孝經》學史的演進中，先以漢代以來的作者公案論起。

一、《疏》文蘊含的《孝經》作者論

第二、四章曾經以種種資料推論：漢初至讖緯興盛後，對《孝經》作者的看法有「曾子作」到「孔子作」的轉變。宋初至慶曆之間，學者對《孝經》作者的看法，同樣也有一個轉變。邢昺認爲元行沖等人對《孝經》作者的看法：「雖同炫說，恐未盡善，今以〈藝文志〉及鄭氏所說爲得。」依〈序〉疏所言，《疏》文此解以劉炫爲本，邢昺改爲：「《孝經》者，孔子爲曾參陳孝道也。」〔註139〕〈序〉疏乃復《史》、《漢》舊說，但〈孝經注疏序〉又說：

> 蓋曾子在七十弟子中，孝行最著，孔子乃假立曾子爲請益問答之人，以廣明孝道。既說之後，乃屬與曾子。〔註140〕

其云「孔子乃假立曾子爲請益問答之人」，《孝經》全書實出於孔子，只不過

〔註135〕以上見《孝經注解》，頁 11 下～12 上。
〔註136〕參見後文頁 260～261。
〔註137〕《孝經注疏》，卷 2，頁 4 下。《孝經注解》，頁 4 下～5 上。
〔註138〕〔宋〕司馬光：《古文孝經指解》，《孝經注解》，頁 1 下。
〔註139〕《孝經注疏》，〈孝經序〉《疏》，頁 1 上。
〔註140〕《孝經注疏》，〈孝經注疏序〉，頁 2 上。按：此序前題「成都府學主鄉貢傅注奉右撰」，朱彝尊《經義考》題爲「孫奭〈序〉」，認爲：「孫奭〈序〉或作『成都府學主鄉貢傅注奉右撰』。」見〔清〕朱彝尊：《點校補正經義考》，第 6 冊，頁 845。

將作名隸於曾子耳，則〈孝經注疏序〉雖說曾子作《孝經》，實際上是以孔子作爲是，邢昺與〈孝經注疏序〉的看法並不一致。以司馬光代表慶曆以後學者意見，他認爲：

> 聖人言則爲經，動則爲法，故孔子與曾參論孝，而門人書之，謂之《孝經》。〔註141〕

分析三人意見，邢昺代表爲早期成說之展現，〈孝經注疏序〉實爲孔子作的代表，司馬光則擺落兩者，不採《史》、《漢》舊說，也不信孔子作的說法，爾後七十子說、後人紀錄說等等，實濫觴於司馬光的判斷。用最直接的眼光閱讀《孝經》，此書紀錄了孔子與曾子的對話，而旁人詳實地紀錄了兩人的說法，似乎比較符合一般情境，故邢昺、〈孝經注疏序〉到司馬光之間，作者公案有複雜至於單純的轉換過程。先擱略轉換過程的學術意義，司馬光的意見可說是單純的原點，《疏》文所代表的，正是極其複雜的學術繼承。根據行沖自序，《注》、《疏》是玄宗君臣共同討論的成品，《疏》文即爲玄宗代言，同時，《疏》文的曲折內涵，正是對於《解》、《說》的一大對比，故僅述論《疏》文，即可明瞭兩組學說之間的差別。

劉炫曾引劉向《別錄》的說法：

> 上稱「仲尼」以冠篇，蓋著孝者，聖人之法，孔子爲曾參陳孝道、爲萬世法。〔註142〕

> 孔子將作《孝經》，發憤蓄思，不待奮發而問曾子也。曾子見夫子言，將爲萬世經，非庸庸之說，故汲汲而避席。孔子見其欲得之甚，故呼使復坐而語之。〔註143〕

無論是曾子作，還是孔子作之說，都必須對自言自語的衝突提出解釋，同時「仲尼」與「曾子」的稱謂更是啓人疑竇。不過漢儒已經注意這個問題，故劉向對曾子稱師尊字號特加說明，認爲這有「聖人之法」的特殊意義。〈漢志〉「孔子爲曾參陳孝道」是《孝經》作者最具影響力的說法，這個解說看似簡單，但在《別錄》的語境裏，有一戲劇性的過程。孔子構思《孝經》之際，曾子就體察到了老師的心意，孔子也從曾子的肢體語言裏，了解到弟子已經有所體會，故孔子將自己欲爲萬世法的內容告訴曾子，讖緯會說「曾子」爲

〔註141〕〔宋〕司馬光：〈古文孝經指解序〉，《溫國文正司馬公文集》，卷64，總頁479。
〔註142〕引自林秀一：《孝經述議復原に關する研究》（東京：林先生學位論文出版紀念會，1953年7月），頁212。
〔註143〕引自林秀一：《孝經述議復原に關する研究》，頁220。

「撰輔」，或許也是這番論述的微言大義。

另一方面，在孔子作的氛圍下，謝萬認爲孔子自稱「仲尼」是爲了「欲令萬物視聽不惑」，殷仲文則認爲是「深敬孝道」，至於弟子會自稱「曾子」，車胤說是「撥亂反正」，劉瓛則認爲「仲尼」、「曾子」的稱呼有聖賢之別，稱號引申的微言大義漸趨複雜，其中又以聖賢之別的看法最爲流行。〔註144〕劉炫則一一反駁這些說法，他認爲「仲尼」、「曾子」在傳世文獻中極爲常見，這並非《孝經》獨有的特例，乍看之下，劉炫似乎反對孔子作的意見，但劉炫論劉瓛的觀點，又說道：

> 詳夫仲尼之盡者，自以聖性能盡，非字盡而名不盡也。仲尼之聖，
> 誰惑不知，方待表德之字以彰孝性之盡乎？制法萬代，自出孔子之
> 心，記以冠首，更由錄者之意，乃使撰錄之人，裁量孔子。事非聖
> 人之心，文成記者筆，以此作法，何足可師？〔註145〕

事實上，劉炫認爲劉瓛等人的說法，都無法突顯孔子制作之說，劉炫反駁的目的，正是爲了彰顯孔子作之說。所謂「制法萬代」，劉炫繼承漢儒與讖緯的傳統，但諸儒都爲曾子於《孝經》之中保留一席之地，認爲曾子是體會聖人的賢者，藉由賢者的紀錄，「中賢之才，弘上聖之教」，〔註146〕讀者可進一步體會孔子的聖人之見。劉炫則極力反對這種看法，以聖人制作之心作爲標準，曾子體察與紀錄孔子的舊說，乃經過曾子賢者的裁量，這並不是聖人動則爲經的萬世法則，若主張《孝經》爲聖人制作之法，必須完全採取孔子作《孝經》的看法，排除曾子與《孝經》的關聯性，這才能說《孝經》是孔子賦予特殊意義的法典。在排除曾子的關聯性下，勢必調整對於曾子的看法，劉炫云：

> 孔氏《論語》云「敏，心之疾也」，心（按：林秀一〈校勘記〉云：
> 「《孝經》孔《傳》心作參。」）性遲鈍，見義不疾，言孝道深遠，
> 非遲鈍所知之。孔以曾子此言爲謙遜，今解此經，夫子自作，借曾
> 應對，不代曾謙，言曾實不知耳。〔註147〕

劉炫轉述孔《傳》的意見「孔意言，曾子唯知匹夫之孝，未達孝德之深，問曾子汝寧知先王之孝道化民之若此也」〔註148〕、「孔意以《孝經》實是曾聞，

〔註144〕見林秀一：《孝經述議復原に關する研究》，頁213。
〔註145〕引自林秀一：《孝經述議復原に關する研究》，頁213。
〔註146〕以上見〔梁〕蕭子顯：《南齊書》，〈列傳第二〉，第2冊，頁400。
〔註147〕引自林秀一：《孝經述議復原に關する研究》，頁218～219。
〔註148〕引自林秀一：《孝經述議復原に關する研究》，頁218。

故《傳》為此解耳」〔註149〕。事實上《孝經》首章曾子即言自己「不敏」，孔《傳》解釋得更加清楚，曾子並非聰明或是德行圓滿的學生。以曾子「非遲鈍所知」為本，劉炫又說：

> 今解夫子躬自制，借曾為對，故還假言，使之復坐耳。〔註150〕

> 夫子將述孝道，隱端以問曾子，曾參本無問心，何云不待問也？方始語曾，曾猶未寤，非是師徒豫議，何知為萬世法也？〔註151〕

在曾子「遲鈍」的觀點下，曾子其實言不及義，更不可能體會孔子的「聖人之心」，《孝經》這些孔子與曾子的對話，完全是孔子假借曾子名義所創造出來的角色。劉炫利用曾子遲鈍的詮釋，排除了曾子與《孝經》關係，也就是說，《孝經》完全是聖人孔子的作品，而曾子實際上是個愚人，不可能體會聖人的涵義，更不可能了解這些話的重要性，並加以紀錄，《孝經》與曾子無關。

劉炫的意見，可說是以孔《傳》為基礎，極力申說孔子作《孝經》的一種論調。藉由上述曲折的論述，確保了《孝經》與孔子之間的關係，也更能說是聖人為萬世法的寶典。對照鄭《注》的意見，今存鄭《注》序文云：「弟子曾參有至孝之性，故因閒居之中，為說孝之大理，弟子錄之，名曰《孝經》。」〔註152〕以鄭學代表《孝經》通行的意見，孔子會選擇曾子作為陳述的對象，乃是因為曾子「有至孝之性」，劉炫曾子遲鈍的論述，間接否定了曾子能孝的可能性，曾子的孝性便大打折扣，這或許是劉炫學說會引起爭議的一大主因。

劉炫的學說雖然有很多爭議，但類似意見並非一家之言。《舊唐書》載唐初釋奠禮，唐太宗與孔穎達論《孝經》義：

> 貞觀十四年（A.D.640）三月丁丑，太宗幸國子學，親觀釋奠。祭酒孔穎達講《孝經》，太宗問穎達曰：「夫子門人，曾、閔俱稱大孝，而今獨為曾說，不為閔說，何耶？」對曰：「曾孝而全，獨為曾能達也。」「制旨」駁之曰：「朕聞《家語》云：曾晳使曾參鋤瓜，而誤斷其本，晳怒，援大杖以擊其背，手仆地，絕而復蘇。孔子聞之，告門人曰：『參來勿內。』既而曾子請焉，孔子曰：『舜之事父母也，使之，常在側；欲殺之，乃不得。小箠則受，大杖則走。今參於父，委身以待暴怒，陷父於不義，不孝莫大焉。』由斯而言，孰愈於閔

〔註149〕引自林秀一：《孝經述議復原に關する研究》，頁219～220。
〔註150〕引自林秀一：《孝經述議復原に關する研究》，頁219～220。
〔註151〕引自林秀一：《孝經述議復原に關する研究》，頁220。
〔註152〕陳鐵凡：《孝經鄭氏解抉微‧孝經鄭氏解斠銓》，頁41～42。

子騫也？」穎達不能對。〔註153〕

事實上，南齊文惠太子就說「曾生雖德懃體二」，不過蕭長懋不像劉炫這麼極端，曾子雖然未入聖域，但仍以「中賢之才，弘上聖之教」。〔註154〕孔穎達回答「獨爲曾能達」，事實上是通行舊說的反映，曾子有內在的德性，有能孝的能力，孝行內外一致，故稱其爲「達」。孔穎達的解釋是賢者說的代表，不過唐太宗並不滿意這個意見，他以《孔子家語》爲證，認爲曾參在處理父子衝突上，仍不夠圓滿，甚至有顧頊之嫌，唐太宗「制旨」所論，其實是通行意見的反駁。

繼此唐太宗論《孝經》義，劉炫的看法並不孤單，唐太宗的說法基本上也是一種曾子駑鈍說，皇室有接受劉炫學說的可能性。在《孝經》的關鍵章節中，《御注》實以孔《傳》爲主，〔註155〕《孝經》「參不敏，何足以知之」處，玄宗注爲「言參不達，何足知此至要之義」，《疏》文接著解釋：

> 「參，汝能知之乎」，又假言參聞夫子之說，乃避所居之席，起而對曰：「參性不聰敏，何足以知先王至德要道之言？」義既敘曾子不知，夫子又爲釋之。〔註156〕

《注》、《疏》的解釋其實承襲著孔《傳》與劉炫而來。《疏》文又引劉炫：

> 劉炫曰：「性未達，何足知？」然（按：阮刻本附《校勘記》云：「然當言字之譌。」）性未達，何足知至要之義者，謂自云性不達，何足知此先王至德要道之義也。〔註157〕

〈聖治章〉「曾子問聖人之德」處，《疏》文又解：

> 夫子前說孝治天下，能致災害不生、禍亂不作，是言德行之大也，將言聖德之廣，不過於孝。無以發端，故又假曾子之問曰：「聖人之德，更有加於孝乎？」〔註158〕

〔註153〕〔後晉〕劉昫《舊唐書》，〈禮儀四〉，第 3 冊，頁 916。

〔註154〕以上見〔梁〕蕭子顯：《南齊書》，〈列傳第二〉，第 2 冊，頁 400。

〔註155〕《疏》云：「云『居，謂閒居』者，古文《孝經》云『仲尼閒居』，蓋爲乘閒居而坐，與《論語》云『居！吾語汝』義同，而與下章『居則致其敬』不同。」今文雖不云「閒居」，《御注》仍引古文爲注。鄭《注》雖不以「閒居」作解，從前引序文可知，鄭《注》也以「閒居」爲說，可見古文《孝經》仍有相當的流行。見《孝經注疏》，卷 1，頁 2 上。

〔註156〕《孝經注疏》，卷 1，頁 2 下。

〔註157〕《孝經注疏》，卷 1，頁 3 上。

〔註158〕《孝經注疏》，卷 5，頁 1。

曾子性未達是太宗「制旨」的看法，孔子假借曾子制作的解說，就更是劉炫學說的重點，近儒皮錫瑞雖然力斥劉炫，但其論孔子作《孝經》之說，亦頗近劉炫「假作」之說，〔註159〕而邢昺、〈孝經注疏序〉之說，實以〈孝經注疏序〉爲《注》、《疏》的忠實反映。

簡論宋儒《孝經》作者之解，〈孝經注疏序〉乃《注》、《疏》之真正繼承者，邢昺則不滿劉炫意見過於曲折、又貶低曾子的解釋，轉以漢儒舊說作爲〈序〉疏，司馬光既不信《疏》文之解，也不採漢儒舊說，司馬光判斷《孝經》爲「門人書之」，實與先儒抱持著不同看法。〔註160〕

二、「敬」、「愛」、「父」、「母」的代表意義

梁蕭子顯有《孝經敬愛義》一卷，〔註161〕《疏》云「愛之與敬，解者眾多」，論「愛」與「敬」是魏、晉以下《孝經》學的重要問題。關於此解，〈天子章〉「愛敬盡於事親」，鄭《注》云：

> 盡愛於母，盡敬於父，治要而德教加於百姓。〔註162〕

鄭《注》把「愛」歸屬於「母」，「敬」則歸屬於「父」，愛、敬之別，其實是對「父」、「母」的不同觀點。〔註163〕至於相關章節〈士章〉的註解，鄭《注》云「事父與君敬同愛不同」，經文「母取其愛」，鄭《注》「不取其敬」，經文「君取其敬」，《注》又云「不取其愛」。〔註164〕鄭《注》認爲，子女與母親只取「愛」，臣下與君主間只有「敬」，而父親兼有君敬與母愛，故父親與母親的不同，自然是母親所沒有的敬了，這是鄭《注》父敬母愛、或君敬母愛的道理。

這種分別父母的觀點，有經典詮釋的支持。《尚書·堯典》載舜對契曰「汝作司徒，敬敷五教」，〔註165〕「五教」的內容，孟子說道：「使契爲司徒，教

〔註159〕皮錫瑞云：「是《孝經》本夫子自作，而必假曾子爲言者，以其偏得孝名，故以《孝經》屬之。」皮錫瑞的說法已經與鄭《注》序：孔子「陳說」之解不同，近於於劉炫「孔子假曾子作」的說法，而皮氏所不取者，在於曾子「遲鈍」的看法。見〔清〕皮錫瑞：《孝經鄭注疏》，卷上，頁2下。

〔註160〕這種轉變的涵義參見後文頁196～199。

〔註161〕見〔唐〕魏徵、令狐德棻：《隋書》，〈經籍一〉，第4冊，頁933。《孝經注疏》，卷1，頁5下。

〔註162〕陳鐵凡：《孝經鄭氏解挍微·孝經鄭氏解斠銓》，頁50。

〔註163〕參考〔清〕皮錫瑞：《孝經鄭注疏》，卷上，頁7上。

〔註164〕以上見陳鐵凡：《孝經鄭氏解挍微·孝經鄭氏解斠銓》，頁62～63。

〔註165〕屈萬里：《尚書集釋》（臺北：聯經出版事業股份有限公司，1983年2月），頁26。

以人倫：父子有親，君臣有義，夫婦有別，長幼有序，朋友有信。」〔註166〕
以孟子爲例，先哲論自我與直系親屬的關係，往往以「父子」一倫代表，但
在自然法則中，光是父親並不足以延續生命，生養化育時，有母親的功勞，《詩
經・凱風》云「母氏聖善」，又說「母氏勞苦」、「莫慰母心」，〔註167〕這是先
民對於母親的感念，在實際的社會結構裏，父子只能說是一等親，也就是天
屬關係的代稱，「父母」、「子女」之間才是直系血親的基礎結構。再以《左傳》、
《禮記》觀察儒家對於「父母」的看法，《左傳》文公十八年季文子曰：

> 使布五教于四方，父義、母慈、兄友、弟共、子孝，內平外成。

〔註168〕

季文子所述之五教，與孟子不同，裏頭雖然沒有「夫婦」一倫與女兒的角色，
但季文子所說的五教，實爲家庭倫理的濃縮。聚焦於父母之教，季文子說「父
義」、「母慈」，父母有義與慈的區別，《左傳》桓公六年「脩其五教」處，《左
傳正義》曾道：

> 父母於子並爲慈，但父主教訓，母主撫養。撫養在於恩愛，故以慈
> 爲名。教訓愛而加教，故以義爲稱。義者宜也，教之義方，使得其
> 宜。〔註169〕

哀公十六年《傳》又載葉公云「國人望君如望慈父母焉」，〔註170〕故五教之中，
慈雖屬母，《左傳正義》不作絕對區分。父義、母慈雖然沒有絕對的分別，但父
之與母實有偏重，「母主撫養」，即是「母主恩愛」之意。不過在《正義》的詮
釋之下，「父義」更強調出「教之義方，使得其宜」的面向，關於「父義」之說，
《禮記》講得更加清楚，〈表記〉云：「今父之親子也，親賢而下無能；母之親
子也，賢則親之，無能則憐之。母親而不尊，父尊而不親。」《禮記正義》云：

> 此明尊親之異，父母不同。「今父之親子也，親賢而下無能」者，言
> 父之於子，若見賢者則親愛之，若見無能者則下賤之，以父立於義，
> 分別善惡也。「母之親子也，賢則親之，無能則憐之」者，言母之於

〔註166〕〔宋〕朱熹：《四書章句集注》（臺北：大安出版社，1999年12月），〈滕文
　　　　公上〉，頁361。
〔註167〕程俊英、蔣善元：《詩經注析》（北京：中華書局，1991年10月），上冊，頁
　　　　82～83。
〔註168〕〔晉〕杜預注，〔唐〕孔穎達等疏：《左傳注疏》，卷20，頁16下～17上。
〔註169〕〔晉〕杜預注，〔唐〕孔穎達等疏：《左傳注疏》，卷6，頁20上。
〔註170〕〔晉〕杜預注，〔唐〕孔穎達等疏：《左傳注疏》，卷60，頁6上。

> 子，見賢則親愛之，見其子無能則憐愛之，母以恩愛，不能分別善
> 惡故也。〔註171〕

父母雖然都「親子」，但「親」的內容不同。父親親愛賢子，若子不賢無能，
父親會責備，甚至是「下無能」者，但在母親的心中沒有賢與不賢的差異，
母親不因子女德行、能力上的缺陷，就有親愛的等差，母親愛憐所有的子女，
故「母主恩愛」。《左傳正義》採沈文阿、蘇寬、劉炫義疏，〔註172〕《禮記正
義》則採皇甫侃、熊安生而成，〔註173〕綜合以上所論，鄭《注》分別父母，
母主以愛的說法，除了是經典的顯露，更有詮釋上的支持，加之以《正義》
的官修角色，鄭《注》此解乃魏、晉以降的主要意見，但對此《疏》文又說：

> 舊《注》取〈士章〉之義，而分愛敬父母之別，此其失也。〔註174〕

就《疏》文的判斷可知，開元《御注》本採鄭《注》母愛父敬的說法，天寶
新《注》則揚棄了分別的論調，天寶君臣如何詮釋愛敬問題，值得分析。

　　《禮記正義》說「母以恩愛，不能分別善惡」，似乎在判斷善惡與道德教
養上，母親無法承載教育責任。唐代官修的《正義》，實為魏、晉六朝經學之
一側面，而這來自於經典的傳統意見，並不符合魏、晉以降的家庭現況，在
當時的社會之中，母親不只是養育恩愛，一樣也有教育子女「分別善惡」的
功勞，〔註175〕《左傳》、《禮記》這類對母親的詮釋並不公平。再作量化的統
計，東漢以降，名列史籍之孝子，實以對母親的感念為多，〔註176〕傳統的「父
子」一倫已略顯不足，王肅會說「母亦有敬」，〔註177〕除了是不滿鄭《注》，

〔註171〕以上見〔漢〕鄭玄注，〔唐〕孔穎達等疏：《禮記注疏》，卷54，頁15。
〔註172〕《左傳注疏》，〈春秋正義序〉，頁3上。
〔註173〕《禮記注疏》，〈禮記正義序〉，頁3。
〔註174〕《孝經注疏》，卷5，頁5下。
〔註175〕參考鄭雅如：《情感與制度：魏晉時代的母子關係》（臺北：國立臺灣大學出
　　　　版委員會，2001年9月，文史叢刊第114種），頁163～176。
〔註176〕《後漢書》列傳第29：〈劉趙淳于江劉周趙列傳〉，其實就是孝子傳的先聲，
　　　　其中劉平、江革、劉般、周磐都是因孝母而顯。《南齊書》立〈孝義〉傳，15
　　　　人有9人因孝母顯，林惠勝又統計《南史》、《太平御覽》，孝母比孝父而顯者，
　　　　《南史》為51：39，《太平御覽》為112：44，孝母而顯的總數將近兩倍。見
　　　　〔南朝宋〕范曄：《後漢書》（北京：中華書局，1965年5月），第5冊，頁
　　　　1293～1315。〔梁〕蕭子顯：《南齊書》，〈孝義〉，第3冊，頁955～966。另
　　　　參考林惠勝：〈試說南朝孝倫理：以《南史‧孝義傳》為主的析論〉，《暨大學
　　　　報》第4卷第2期（2002年7月），頁6。
〔註177〕劉炫《述議》引王肅云：「母亦有敬，君亦有愛，不如父之篤耳」，本文僅取
　　　　「母亦有敬」加以申論。王肅的重點在於「論父之篤」，不過王肅打破了母愛

似乎也是大環境裏，以母爲念的影響。

　　孔子曾對子游說：「至於犬馬，皆能有養；不敬，何以別乎？」〔註 178〕
孔門論孝主敬，這是人類有別於豢養犬馬之處，又將母愛父敬的區別套用到
論孝主敬的看法，《左傳》、《禮記》中的父親承載仁義禮知等儒家道德，父是
孝道的主要對象。《儀禮・喪服・傳》又說「禽獸知母而不知父」，賈《疏》
解釋：「禽獸所生，唯知隨母，不知隨父，是知母不知父。」〔註 179〕這近似於
現代生物學所說的印痕效應（imprinting），動物會跟隨並模仿初生第一眼所看
見的動物，禽鳥往往是母鳥負責孵蛋，故先儒有「禽獸所生，唯知隨母」的
看法。禽獸一詞往往是先儒論述人類價值的對比性說法，《儀禮・傳》所述的
「禽獸知母」，並不是個正面意義，在母愛父敬的分別裏，主敬之父較被看重，
不能分別善惡與愛憐的母親，則接近動物性的觀點。以這種動物性的觀點對
比人類的道德價值，魏、晉開始有了變化。《太平御覽》引曹植〈仁孝論〉曰：

　　　禽獸悉知愛其母，知其孝也。〔註 180〕

在此「禽獸──愛母」的類比絕無鄙視的意味，而其所述「禽獸悉知愛其母」
之義，或可注意東晉玄學家孫綽〈喻道論〉的一句話：

　　　父子一體，惟命同之，故母嚙其指，兒心懸駭者，同氣之感也；其
　　　同無間矣。〔註 181〕

「父子一體」的說法亦見《儀禮・喪服》，在《儀禮》的旨趣內，所謂「父子
一體」、「禽獸知母而不知父」，強調是宗法社會裏，父系的繼承關係，但在曹
植與孫綽的說法中，「禽獸──愛母」、「父子一體」，講的都是自然化育之功。
《後漢書》記樊豐與耿寶等人巧立太子乳母與廚監罪狀，欲牽連其罪，廢太
子劉保，安帝聽任讒言，下詔曰：「父子一體，天性自然；以義割恩，爲天下
也。」〔註 182〕雖然這是欲加之罪的美辭，不過「父子一體，天性自然」的說
法，已經強調了親子之間的自然同體。北魏李彪曾云：「《孝經》稱父子之道

　　　父敬的說法，這種模糊父母職分的詮釋，實爲其解的特色之一。見林秀一：《孝
　　　經述議復原に關する研究》，頁 246。
〔註 178〕〔宋〕朱熹：《四書章句集注》，〈爲政〉，頁 73。
〔註 179〕以上見〔漢〕鄭玄注，〔唐〕賈公彥疏：《儀禮注疏》，卷 30，頁 13 上、14 上。
〔註 180〕〔宋〕李昉等編纂，夏劍欽等點校：《太平御覽》（石家莊：河北教育出版社，
　　　2000 年 3 月），第 4 卷，頁 490。
〔註 181〕引自〔梁〕釋僧祐編：《弘明集》（臺北：商務印書館，1965 年，四部叢刊初
　　　編子部第 28 冊影印明刊本），卷 3，頁 45。
〔註 182〕〔南朝宋〕范曄：《後漢書》，〈李王鄧來列傳〉，第 3 冊，頁 591。

天性，蓋明一體而同氣，可共而不可離者也。」〔註183〕孫綽所說的「父子一體」，就是這「同氣」的意思，曹植「禽獸──愛母」的類比，就是彰顯這種天性自然的涵義。把握住自然化育的涵義，《孝經疏》保存了一種舊說：

舊說云：「愛生於真，敬起自嚴。孝是真性，故先愛後敬也。」〔註184〕

在經典詮釋之內，「母愛」因接近「禽獸」的動物性，「父敬」視爲孝道的核心要旨，但魏晉以後，「天性自然」的觀點更被看重，從主張從「父敬」的道德價值，產生了一種轉移到以自然本真的「母愛」爲始的孝論。

講求母愛與真性，是在講求「自然」之下所作的焦點轉移，但仍帶有分別父母的看法。對此自然之孝，《論語》「孝悌爲仁之本」處，王弼釋曰：

自然親愛爲孝，推愛及物爲仁也。〔註185〕

曹植之後，王弼正式提出了以「自然」論孝的詮釋。在王弼的哲學體系裏，自然等同於道，自然在「名」之前，此所謂名，包含了善、惡的道德區別、父子君臣的名分，甚至是世間一切的名相。〔註186〕再以《論語》爲例，王弼認爲，溫／厲、威／猛、恭／安，這是三組「對反之常名」，〔註187〕但在形上的、抽象的理論裏，必存在統一的道，也就是統合群理的本體，〔註188〕故王

〔註183〕〔唐〕李延壽：《北史》（北京：中華書局，1974 年 10 月），第 5 冊，頁 1457。

〔註184〕《孝經注疏》，卷 1，頁 5 下。

〔註185〕引自〔梁〕皇侃：《論語集解義疏》（臺北：廣文書局，1968 年，影印乾嘉年間鮑廷博知不足齋叢書本），上冊，卷 1，頁 4 下。

〔註186〕王弼解《論語》「堯爲君則天」云：「蕩蕩，無形無名之稱也。夫名所名者，生於善有所章而惠有所存。善惡相須，而名分形焉。若夫大愛無私，惠將安在？至美無偏，名將何生？故則天成化，道同自然，不私其子而君其臣。」「無形無名」是對天的形容，在此等同於對「道」或「自然」的形容。道體無可名狀，暫且稱之爲無；「夫名所名者」，已經落於道、自然、或是無之後，也就是現象裏「有」的世界。在有的世界是對反相須，道德判斷裏的善惡分別也在這對反相須之中。在王弼的心裏，愛或大愛是最符合於自然、也就是道體的境界，其釋「推愛及物」爲仁，即是大愛的境界，而「至美無偏，名將何生」，即超越了對反相須的世界，又「不私其子而君其臣」，君臣父子也是超越的對象之一。見〔梁〕皇侃：《論語集解義疏》，上冊，卷 4，頁 34 下。

〔註187〕王弼解《論語》「子溫而厲」章云：「溫者不厲，厲者不溫；威者心猛，猛者不威；恭則不安，安則不恭，此對反之常名也。若夫溫而能厲，威而不猛，恭而能安，斯不可名之理全矣。」見〔梁〕皇侃：《論語集解義疏》，上冊，卷 4，頁 22 下。

〔註188〕王弼解《論語》「一以貫之」云：「夫事有歸，理有會。故得其歸，事雖殷大，可以一名舉；總其會，理雖博，可以至約窮也。譬猶以君御民，執一統眾之道也。」見〔梁〕皇侃：《論語集解義疏》，上冊，卷 2，頁 31 上。

弼所謂「自然」，與上述著重生化本始的氣論不同，王弼有本體論的意味，而親愛之孝可說是最接近、最符合自然道體的一種狀態。

在王弼以本體論自然的綱領下，母愛父敬在理論的世界裏，統合為一理，也就是一極，〔註189〕此後論「敬」、「愛」問題，多仿王弼「自然」的綱領。西晉裴希聲〈侍中嵇侯碑〉曰：「夫君親之重，非名教之謂也。愛敬出於自然，而忠孝之道畢矣。」〔註190〕袁宏〈三國名臣頌〉贊夏侯玄：「君親自然，匪由名教；愛敬既同，情禮兼到。」〔註191〕沈約《宋書》載太祖劉義隆詔曰：「愛敬同極，豈為名教。」〔註192〕既統攝於自然之一理中，愛／敬自然也不作分別，故眾人皆云「愛敬出於自然」、「愛敬既同」、「愛敬同極」。暫且不論這些敘述與王弼的差別，母愛父敬的分別在自然一理之下，剝落了父母的區別，愛敬統合為自然，而在父母這「親」的面向裏，裴希聲等人插入了「君」的角色，愛敬之論原本可說是父母的區別，這裏則用來混同君／親，君親之別也在自然一理的統攝之中。《南齊書》紀錄了文惠太子蕭長懋與諸臣論《孝經》義，文惠太子云：

> 資敬奉君，資愛事親，兼此二塗，唯在一極。……敬雖立身之本，要非接下之稱。〔註193〕

這裏很清楚的看見：敬君／愛親的分別，兩者分別即為「二塗」，但在自然一理之下，二塗統攝於「一極」之中。王弼以本體論自然，此自然本體在名分之先，故其論一極有超越君臣父子、超越君親的意味。蕭長懋雖然也講一極，但重點在於論「敬」。蕭長懋主張敬主要下「接上」之意，而非上「接下」之意，敬乃臣對君、下對上的道德價值，強調了君臣名分的尊卑之別。蕭長懋雖然也講一極，重點卻在二塗中的敬君之論。

蕭長懋主張的敬君之塗，或許是因為他身為太子，故與王儉等人主張的愛敬普遍義有立場上的不同。這種愛親／敬君的論法，曾被玄宗所採納，〈士

〔註189〕王弼解《論語》「忠恕之道」云：「極不可二，故謂之一也。」見〔梁〕皇侃：《論語集解義疏》，上冊，卷2，頁31下。

〔註190〕引自〔唐〕歐陽詢撰，汪紹楹校：《藝文類聚》（上海：上海古籍出版社，2007年8月），上冊，卷48，頁866。

〔註191〕〔唐〕房玄齡：《晉書》（北京：中華書局，1974年11月），〈文苑〉，第8冊，頁2396。

〔註192〕〔梁〕沈約：《宋書》（北京：中華書局，1974年10月），〈列傳第三·徐羨之〉，第5冊，頁1333。

〔註193〕〔梁〕蕭子顯：《南齊書》，〈列傳第二：文惠太子〉，第2冊，頁399～400。

章〉「故母取其愛，而君取其敬，兼之者父也」語，開元《御注》曰：

> 兼謂有母之愛，有君之敬。〔註 194〕

經文「母取其愛」與「君取其敬」的「其」字可代稱句中的母與君，可讀作「取母愛」與「取君敬」，故舊《注》解爲「有母之愛，有君之敬」，同時母愛／君敬之分也符合魏、晉以來的思想趨勢。舊解雖分愛敬二塗，從前引《疏》文可知，天寶已不採愛敬分別的舊說，不過今《疏》文中仍有母愛君敬的分別，其云：

> 愛之與敬，俱出於心。君以尊高而敬深，母以鞠育而愛厚。劉炫曰：
> 夫親至則敬不極，此情親而恭也；尊至則愛不極，此心敬而恩殺也。
> 故敬極於君，愛極於母。〔註 195〕

由於此文針對舊《注》疏解，此部份應爲元行沖的舊《疏》。舊義乃依劉炫作解，今《述議》殘文云：

> 母者哺乳之惠，顧復之恩，慈愛合於心，故心持（按：林秀一〈校勘記〉云：「（按：《孝經秘抄》）秘本持作特，是也。」）親母，親極故尊不至。〔註 196〕

《疏》云「夫親至則敬不極」，即劉炫論母愛之一極，《疏》解「俱出於心」，亦採劉炫「合於心」解。劉炫又說：

> 夫虫豸皆知親其母，鳥獸皆知畏其長，則母有天性之愛，君有自然之敬，然鳥獸之不逮人倫，爲不知父也，夷狄之不如諸夏，爲不奉主也。〔註 197〕

禽獸諸語乃魏、晉以降以自然化育論孝之趨勢，再將焦點置於「母有天性之愛，君有自然之敬」，舊《注》母愛君敬的分別已經呼之欲出了。

名分是名教的重要涵義，〔註 198〕君臣關係代表名教，親子關係則屬於自

〔註 194〕唐玄宗注：《覆卷子本唐開元御注孝經》，第 1109 冊，頁 10 下。
〔註 195〕《孝經注疏》，卷 2，頁 6 上。
〔註 196〕引自林秀一：《孝經述議復原に關する研究》，頁 246。
〔註 197〕引自林秀一：《孝經述議復原に關する研究》，頁 245。按：虫字上有一撇，因輸入方便暫作虫字。
〔註 198〕陳寅恪定義爲：「名教者，依魏晉人解釋，以名爲教，即以官長君臣之義爲教，亦即入世求仕者所宜奉行者也。」即使此說多有修正，大抵都無法否認君臣長官是名教的重要內容。參考陳寅恪：〈陶淵明之思想與清談之關係〉，《陳寅恪先生全集》（臺北：九思出版有限公司，1977 年 12 月），下冊，頁 1011～1035。

然。裴希聲於王弼的論述中，插入了君的角色，實欲疏通兩者間的矛盾，在此問題意識下，欲合理化君臣名分，又不願違背自然的主張，勢必將重新抬舉出君臣父子的觀點，故劉瓛解曰：

> 父情天屬，尊無所屈，故愛敬雙極也。〔註199〕

〈士章〉後半段說「兼之者父也」，〈聖治章〉又說「父子之道，天性也，君臣之義也」，以父親作爲主軸，進而合理化君臣間的名分，比較符合《孝經》經義。其實早在王肅時，已經闡發父親包含愛敬的說法。劉瓛將愛敬二者灌輸在父親的角色裏，更把「兼有」的涵義提昇到「雙極」。同時劉炫又說「鳥獸之不逮人倫，爲不知父」，劉炫雖然有分別愛敬的說法，但他眞正的重點正是君臣父子的強調。天寶新《注》所以改稱「言事父兼愛與敬也」，〔註200〕一者是強調經文「兼之者父也」，一者是以父親的角色作爲自然名教間的疏通。同時天寶改注的解釋也比較符合劉炫的原意，故以人倫價值作爲人類有別於禽獸的特徵，天寶君臣的《孝經》詮釋又重新回到《儀禮》所代表的對比裏。

魏、晉、六朝諸儒論愛敬自然有合理化君臣名分之目的，論述重點實落在名教上頭，隋、唐間孝爲名教之極的感嘆，正反映了自然、名教的問題意識。魏、晉至天寶之間，愛敬父母之論已經從重愛之說，轉換到重敬之說。依照經文的解釋，〈聖治章〉「故親生之膝下，以養父母曰嚴」，「嚴」似乎是日漸產生的態度，但經文又說「聖人因嚴以教敬，因親以教愛」，嚴與敬／親與愛兩者之間，似乎又有理論次序的不同。對此衍生的問題，《御注》認爲「聖人因其親嚴之心，敦以愛敬之教」，疏文又解曰「愛以敬生，敬先於愛，無宜待教」，〔註201〕在此詮釋之下，嚴敬之心才是自然本眞的原始，則無論是自然層面，還是名教層面，《注》、《疏》都從愛爲自然眞性之論，徹底轉變爲父敬的強調，故天寶君臣對於母愛父敬的修正，並不是挑戰《左傳》、《禮記》的經典詮釋，而是綜合魏、晉以來論孝的趨勢，所作的一次理論翻轉，在魏、晉以來的問題中，又更貼近儒家系統的詮釋。

《注》、《疏》基於教育的立場，提出敬先於愛的次序，有避免親暱生狎侮的理論目的，是魏、晉重愛說的導正。〔註202〕至於司馬光作《古文孝經指

〔註199〕《孝經注疏》，卷2，頁6上。
〔註200〕《孝經注疏》，卷2，頁5下。
〔註201〕《孝經注疏》，卷5，頁5下。
〔註202〕《疏》文：「《禮記·樂記》曰：『樂者爲同，禮者爲異。同則相親，異則相敬。樂勝則流，』是愛深而敬薄也；『禮勝則離。』是嚴多而愛殺也。不教敬則不

解》，其學術背景已經沒有自然名教的問題意識，不必籠罩在魏、晉學說的陰影裏，故司馬光、范祖禹解說為：

> 親者，親愛之心。膝下，謂孩幼嬉戲於父母膝下之時也。當是之時，已有親愛之心，而未知嚴恭，及其稍長，則日加嚴恭，明皆出其天性，非聖人強之。〔註203〕

> 孩提之童，無不知愛其親者，故循其本而言之，親愛之心生於膝下，此其生知之良心。親既長矣，則知養父母而日加敬矣，此亦其自然之良心也。聖人非能強人以為善，順其性使明於善而已矣。愛敬之心人皆有之，故因其有嚴而教之敬，因其有親而教之愛，此所以教不肅而成，政不嚴而治，其治同者，因於人之天性故也。〔註204〕

依照經文「親生之膝下，以養父母日嚴」，嚴敬之心乃為後起之心，經文「聖人因嚴以教敬，因親以教愛」的說法，也沒有先敬後愛的必然性。司馬光與范祖禹的解釋，比較接近經文原意，同時這也比較接近家庭生活的常態。由於魏、晉自然說已經不是學術場域的主要問題，在自然化育的程序裏，不必因為愛親之心的先始之義，就把後起的嚴敬之心視為次等價值，司馬光、范祖禹兩人主張先愛後敬之說，不因理論次序而有價值高下，同時這先後次序也不妨礙愛敬俱為自然天性。另一方面，《疏》雖然保存劉瓛父為愛敬雙極的看法，又引劉炫：

> 母親至而尊不至，豈則尊之不極也；君尊至而親不至，豈則親之不極也，惟父既親且尊，故曰兼也。〔註205〕

他實際上反對以父為極的說法，〔註206〕因為至極者必為兼有，兼有者則不一定能達至極的程度。對此父親角色的游移，司馬光、范祖禹兩人更明確的說出：「明父者，愛恭之至隆」、「愛與敬，父則兼之，是以致隆，於父一本故也」，〔註207〕父不只是兼有，而是至隆至極的角色。

　　分析〈閨門章〉，《孝經》嚴父之道於司馬光的說法中有兩層涵義，一是嚴祖之義，即是對於祖宗之法的推崇，二是君臣父子的禮分原則，不過司馬

> 嚴，不和親則忘愛，所以先敬而後愛也。」《孝經注疏》，卷5，頁5下。
〔註203〕〔宋〕司馬光：《古文孝經指解》，《孝經注解》，頁10上。
〔註204〕〔宋〕范祖禹：《古文孝經說》，《孝經注解》，頁10下。
〔註205〕《孝經注疏》，卷2，頁6上。
〔註206〕劉炫曾對父兼的問題說道：「物無兩大，事不俱重，於父雖兼尊親，而尊親不得俱至，故直云兼尊親之道，而不言兼至尊至親，明其竝不至也。」見林秀一：《孝經述議復原に關する研究》，頁246。
〔註207〕以上見《孝經注解》，頁5上、6上。

光並不區分兩者之間的分別，似乎有把君臣父子之分際，視爲祖宗之法的重要原則。打從英宗即位之初，英宗與司馬光之間對於仁宗配祀問題，已有不同意見，以考配天，除了是通行的禮制，相較於祖宗之久遠，父親的親屬關係更爲緊密，故時人更願意以父親配天。當英宗決定以仁宗配天之後，進一步想要追尊生父濮王爲皇考，司馬光更是強烈反對。司馬光引《禮記・喪服四制》「國無二君，家無二尊」作爲根據，認爲英宗既已爲仁宗之後，就不應該當再封濮王爲皇考，司馬光批評贊成英宗意見者：

> 群臣誰不知濮王於陛下爲天性至親，若希旨迎合，不顧禮義，過有尊崇，豈不於身有利而無患乎？〔註208〕

父親有至隆的角色，也就是這裏説的「天性之至親」，但在政統之上，不能因爲自然天性而有損禮義。由司馬光的史論可知，君臣父子的禮分原則，是治亂成敗的關鍵，在此繼承原則中，是不容許以自然親情而影響國家政統之大事，故對司馬光來説，嚴父至隆之説，並非自然生父之推崇，而是嚴格遵守禮義上的父親。當自然的父親與政統的父親有所衝突時，必需以禮義上的政統作爲唯一的選擇，《孝經》學發展至此，已經從魏、晉自然之説，完全蜕變爲禮義原則的把守。

三、政治思想的闡發：「諫諍」與「終始」「患不及」之義

（一）諫諍思想的接受與繼承

若以政治思想的觀點探究《孝經》，闡發《孝經》孝治與移孝作忠的思想，是最爲常見的詮釋。這些説法有利於君主政治，《御注》及《疏》自然不會多作更動，又據前論可知，《孝經》除了有孝順順承上意的一面，也有諫諍之論可作君主政治的修正機制。以帝王爲首的《注》、《疏》體系，是如何看待《孝經》的諫諍義，這是本項首要説明的問題。

〈事君章〉説「進思盡忠，退思補過」，鄭《注》云「待放三而服思其過，故之」、「善則稱君」、「過則稱己也」，〔註209〕敦煌遺書 P.3274 疏解：

> 退謂待放已出境時，己既三諫不從，己出在境，常自思計在己所行，有過（朱）〔失〕事與否，既伏思過是也。〔註210〕

〔註208〕〔宋〕司馬光：〈濮王箚子〉，《溫國文正司馬公文集》，卷34，總頁290。
〔註209〕陳鐵凡：《孝經鄭氏解抉微・孝經鄭氏解斠銓》，頁129。
〔註210〕圖版見陳鐵凡編纂：《敦煌本孝經類纂》，頁150～151。釋文參考陳金木：〈敦

P.3274 多有「鄭意」所云，〔註211〕對照鄭《注》殘文，此疏「三諫不從」，即鄭《注》「待放三」的解釋；遺書「常自思計在己所行，有過失與否」，即鄭《注》「過則稱己也」，此段無疑是鄭《注》疏解。開元舊《注》云「退歸私室，則思補身過也」，〔註212〕就是依照鄭《注》所作的注解。

鄭《注》又有「左輔右弼，前疑後承」的說法，此以輔、弼、疑、承爲四輔，又有師、保、傅三公，七官俱可對天子提出諫言，鄭《注》以七種先秦官職之說，解釋〈諫諍章〉「天子有爭臣七人」。〔註213〕劉炫提及孔《傳》：「孔見記傳既有此文，謂此及充七數，故云『凡此七官主諫，正天子之非也』。非徒孔爲此說，先儒盡然，其言非經旨也。」〔註214〕從劉炫的批評可知，孔《傳》也採七官以充「爭臣七人」的說法，又「非徒孔爲此說，先儒盡然」，認爲古代設有專門諫官的解釋是主流意見。《白虎通‧諫諍》篇首章解《孝經‧諫諍章》，即以輔弼疑承之說作解，亦見《荀子》、《尚書大傳》、《說苑》、大小戴《禮》，〔註215〕依諸書所見，此解由來已久，是漢代以來的主流意見，不過《白虎通》接著又說：

> 事君進思盡忠，退思補過，去而不訕，諫而不露。……若過惡已著，民蒙毒螫，天見災變，事白異露，作詩以刺之，幸其覺悟也。
>
> 〔註216〕

「事君進思盡忠，退思補過」以下，即釋《孝經‧事君章》所言，又結合詩人美刺的說法來論諫諍。這裏說「過惡已著」，是相對民眾而言，同時又要諫諍者「作詩以刺之」，這個之字，應該是講執政者，司馬遷說：「至其諫說，犯君之顏，此所謂『進思盡忠，退思補過』者哉。」〔註217〕此過爲執政者的

煌本孝經鄭氏解義疏釋文〉，附錄於《皇侃之經學》，頁471。

〔註211〕相關問題請參考陳金木：〈敦煌本孝經鄭氏解義疏作者問題重探〉，《嘉義師院學報》第4期（1990年11月），頁147～192。按：亦見陳先生《皇侃之經學》，然專文所論較詳。

〔註212〕唐玄宗注：《覆卷子本唐開元御注孝經》，第1109冊，頁24上。

〔註213〕以上見陳鐵凡：《孝經鄭氏解抉微‧孝經鄭氏解斠銓》，頁121。

〔註214〕引自林秀一：《孝經述議復原に關する研究》，頁283。按：「七官」原僅作「七」，據林秀一〈校勘記〉增。

〔註215〕《荀子》、《說苑》與大戴《禮‧保傅》篇見陳立《疏證》引，伏生《尚書大傳》與《禮記‧文王世子》見《孝經疏》引。參考〔清〕陳立，吳則虞點校：《白虎通疏證》（北京：中華書局，1994年8月），〈諫諍〉，上冊，頁227。《孝經注疏》，卷7，頁4下。

〔註216〕〔清〕陳立，吳則虞點校：《白虎通疏證》，〈諫諍〉，上冊，頁237。

〔註217〕〔漢〕司馬遷：《史記》（北京：中華書局，1982年11月），〈管晏列傳〉，第

過錯。漢儒論過爲執政者的過錯,「退思補過」應該也是補執政者——也就是君主的過錯,而思補君過之法,就是藉詩之美刺,盼君主有朝一日能夠覺悟。若分析無誤,鄭《注》雖採《白虎通》作解,但在「補過」的解釋上,兩者恰好相反。諫諍者與諫諍的對象——執政者之間,《白虎通》認爲「過」是執政者的過錯,諫諍不成的「補過」,是諫諍失敗後,再圖補救執政之過,《白虎通》的辦法是美刺之說,仍舊是諷喻的意義。鄭《注》所論之過則落在諫諍者身上,諫者要思考在諫諍的過程中,自己是否有所過失,以至於君主無法接受諫言,補過的對象剛好與《白虎通》相反。鄭《注》與開元舊《注》,是諫諍失敗後的自我反省。

　　討論《孝經》與鄭《注》、《白虎通》的詮釋,只能說是紙上談兵,此義於實際的發用如何,必須借助史傳的紀錄。《三國志》記楊阜對曹丕諫言:

> 君作元首,臣爲股肱,存亡一體,得失同之。《孝經》曰:「天子有爭臣七人,雖無道不失其天下。」臣雖駑怯,敢忘爭臣之義?言不切至,不足以感寤陛下。陛下不察臣言,恐皇祖烈考之祚,將墜于地。使臣身死有補萬一,則死之日,猶生之年也。謹叩棺沐浴,伏俟重誅。〔註218〕

此段話有兩點值得注意:一、君臣雖有尊卑之際,但存亡同爲一體,這裏顯露出其君臣一體觀;二、楊阜上諫立言,自然是曹丕有所過失,又說「使臣身死有補萬一」,此補過之言,是說彌補曹丕的過錯,不是諫諍者的自我反省。曹丕又曾詔云:「閒得密表,先陳往古明王聖主,以諷闇政,切至之辭,款誠篤實。退思補過,將順匡救,備至悉矣。覽思苦言,吾甚嘉之。」〔註219〕楊阜陳九族之義,雖不明其論,據上下文知,應與曹植事有關,楊阜希望曹丕保持兄弟之間的和諧。從曹丕自言「退思補過,將順匡救,備至悉矣。覽思苦言,吾甚嘉之」,對曹丕也把補過的對象當成自己,不論曹丕是否採納群臣的意見,對於《孝經》補過之論,曹丕君臣都是指上位者而言。

　　吳國也有一事與《孝經》諫諍義相關:

> 權嘗問衛尉嚴峻:「寧念小時所闇書不?」峻因誦《孝經》「仲尼居」。
> 昭曰:「嚴峻鄙生,臣請爲陛下誦之。」乃誦「君子之事上」,咸以

　　　　7冊,頁2137。
〔註218〕〔晉〕陳壽,〔南朝宋〕裴松之注,趙幼文校箋:《三國志校箋》,〈辛毗楊阜高堂隆傳〉,上冊,頁930。
〔註219〕同上註,頁928。

昭爲知所誦。〔註220〕

張昭所誦即爲〈事君章〉「君子之事上也，進思盡忠，退思補過，將順其美，匡救其惡」，則諫諍補過之論，實爲政治場域裏的重要表徵，爲臣下事上之道。赤壁戰後，張昭在孫權心目中的地位大打折扣，不過最主要的原因，可能是張昭的個性使然，孫權評之曰：「此公性剛，所言不從，怨咎將興，非所以益之也。」〔註221〕張昭因其諫諍的性格難以居相，事實上楊阜也是如此，楊阜本傳說其「數諫爭，不聽，乃屢乞遜位，未許」，楊阜、張昭都是性子剛烈之人，曹丕雖然回得客氣，但他與孫權一樣，其實是很難接受臣子的諫諍性格。

　　諫諍於曹丕、孫權效果有限，不過以《孝經》諫諍義來思補君過，倒是成了言談裏的名對。《南齊書》記王儉學張昭事：

> 後上使陸澄誦《孝經》，自「仲尼居」而起。儉曰：「澄所謂博而寡要，臣請誦之。」乃誦「君子之事上」章。上曰：「善！張子布更覺非奇也。」〔註222〕

陸澄、王儉的回應，恰好是嚴峻、張昭的翻版，兩事雖同，蕭道成的回應甚可玩味。他雖然稱讚的王儉回答，從蕭道成對張昭的評價可知，蕭道成本來覺得張昭所答奇特，但參考文惠太子與王儉的對談可知，蕭氏力主君敬蘊含的尊卑階級，諫諍對於君主的要求，正違反了尊卑順承之義，故蕭道成初讀張昭事甚奇。這種態度在北魏文帝身上更加明顯：

> 魏文帝嘗與太祖及群公宴，從容言曰：「《孝經》一卷，人行之本，諸公宜各引要言。」澄應聲曰：「夙夜匪懈，以事一人。」座中有人次曰：「匡救其惡。」既而出閤，太祖深歎澄之合機，而譴其次答者。〔註223〕

座中之人模仿的正是張昭所對，不過這次適得其反，魏文帝直接斥責其人，思補君過之言，君王聽來刺耳，鄭《注》與開元舊《注》臣下自補身過的解釋，比較符合君臣尊卑的機宜。

　　天寶重注時，以鄭《注》爲代表的思補身過，更改爲「君有過失，則思

〔註220〕〔晉〕陳壽，〔南朝宋〕裴松之注，趙幼文校箋：《三國志校箋》，〈張顧諸葛步傳〉，下冊，頁1668。
〔註221〕同上註，頁1667。
〔註222〕見〔梁〕蕭子顯：《南齊書》，〈列傳第四〉，第2冊，頁436。
〔註223〕〔唐〕令狐德棻：《新校本周書附索引》（臺北：鼎文書局，1987年2月），〈列傳第十八〉，頁431。

補益」，依《疏》文所言，新《注》以韋昭爲本，又引《左傳》、《詩經》仲山甫事，認爲「此理爲勝，故易舊也」。〔註224〕參照史傳的使用方式，當時的語境多採思補君過的解釋，仲山甫事又有美刺諷喻的涵義，天寶新《注》的解法，可能比較接近《白虎通》的舊解。從思補身過到思補君過，諫諍者與諫諍的對象——君主，恰好有個一百八十度的翻轉。以蕭氏皇室與魏文帝的態度來思考，當上位者沒有納諫的心胸，鄭《注》思補身過的解釋，對於君臣尊卑的威脅性低，《孝經》諫諍的涵義也不這麼強烈，官方接受的可能性較高。不過，再以《左傳》相似語作爲追溯的根源，宣公十二年《左傳正義》云：

> 《孝經》有此二句。孔安國云：「進見於君，則必竭其忠貞之節，以圖國事，直道正辭，有犯無隱。退還所職，思其事宜，獻可替否，以補王過。」此孔意進謂見君，退謂還私職也。或當以此二句，據臣心爲文。文既據臣，君在其上，施之於君則稱進，內省其身則稱退。盡忠者，盡己之心，以進獻於君。補過者，內脩己心，以補君愆失。故以盡忠爲進，補過爲退耳，非謂進見與退還也。〔註225〕

早在貞觀朝修《五經正義》時，群臣已經注意到《孝經》諫諍與補過的問題，此孔安國所云，應該就是《孝經》孔《傳》。據《左傳正義》所引，貞觀諸臣早就接受了孔《傳》、或是韋昭這類，以思補君過作爲《孝經》諫諍與補過的解釋。也就是說，《孝經》的諫諍補過義在貞觀之時已有一次轉折，天寶的改注，除了是「此理爲勝」的緣故，孔、韋之說早已爲官方認可，故天寶有改注的考量。

貞觀時以《孝經》孔《傳》諫諍論作爲官定之說，並非巧合。唐太宗評何曾云：

> 前史美之，以爲明於先見。朕意不然，謂曾之不忠，其罪大矣。夫爲人臣，當進思盡忠，退思補過，將順其美，匡救其惡，所以共爲治也。曾位極台司，名器崇重，當直辭正諫，論道佐時。〔註226〕

何曾即斥阮籍不尊名教之西晉三大孝，此評又有言外之意。太宗以隋朝的速滅爲鑑，認爲隋文帝太過決斷，臣下僅「承順」耳，〔註227〕隋文帝的態度，

〔註224〕以上見《孝經注疏》，卷8，頁4。

〔註225〕〔晉〕杜預注，〔唐〕孔穎達等疏：《左傳注疏》，卷23，頁23下。

〔註226〕〔唐〕吳兢撰，謝保成集校：《貞觀政要集校》（北京：中華書局，2003年11月），頁19。

〔註227〕唐太宗評隋文帝曰：「每事皆自決斷，雖則勞神苦形，未能盡合於理。朝臣既

即是蕭氏皇族與北魏文帝一類的思考，故何曾這類苟合上意之孝，並非太宗所稱忠孝之言。唐太宗從前代史事察知，諫言實為一朝興亡之關鍵，而臣下能力陳己諫，君王的態度十分重要，故唐太宗調整自己，表達自己有納諫的心胸，《孝經》說的「匡救其惡」，在此太宗用之希望能「匡救朕惡」，〔註228〕太宗又說「君臣本同治亂，共安危，若主納忠諫，臣進直言，斯故君臣合契。若君自賢，臣不匡正，欲不危亡，不可得也」，〔註229〕則《孝經》諫諍補過之論，實以孔《傳》較合乎唐太宗的行事風格，同時太宗所說的「君臣本同治亂」，正是楊阜所述的君臣一體觀，此諫諍與君臣共議的原則，正是三省制的精神，〔註230〕在此歷史演進下，《孝經》的諫諍涵義就不僅是理論上的思想，更獲得上位者的認同與制度化的實踐，貞觀之治立下了思補君過的諫諍原則。

在上一段的討論裏，採用了吳兢《貞觀政要》的資料，吳兢編纂此書，實有針砭玄宗所治已不如開元前期，指責玄宗不如太宗，背離貞觀之治的原則，但玄宗不曾理會，吳兢此舉在當時並沒有發生任何效用。〔註231〕雖然吳兢的舉動在當時沒有任何效果，但從仁宗朝群臣仿照《貞觀政要》上故事可知，此書在宋朝發揮了作用。再從天寶改注的情形觀察，關於貞觀朝論諫諍事，與此相關的《注》《疏》解讀（《左傳正義》），天寶君臣是瞭然於心的，畢竟「匡救朕惡」的諫諍涵義，是貞觀之治最深植人心的部份。〔註232〕唐太宗曾將此治國理念寫為《帝範》，作為唐高宗的帝王教育。〔註233〕唐太宗立下了納諫的政治原則，在此原則中，《孝經》補過之論乃是思補君過之義，章獻明肅太后又以《帝範》與「故事」之類作為宋代帝王學的主要內容，司馬光

知其意，亦不敢直言。宰相以下，惟即承順而已。」見〔唐〕吳兢撰，謝保成集校：《貞觀政要集校》，頁31。

〔註228〕唐太宗初掌朝政時威儀嚴肅，群臣恐逆龍鱗而不敢諫言，太宗見此屢屢發表「匡救朕惡，終不以直言忤意」之類的言論，強調自己有納諫的心胸。《貞觀政要·求諫》篇有詳明的紀錄，見〔唐〕吳兢撰，謝保成集校：《貞觀政要集校》，頁83、86。

〔註229〕〔唐〕吳兢撰，謝保成集校：《貞觀政要集校》，頁147。

〔註230〕參考趙克堯、許道勛：《唐太宗傳》（北京：人民出版社，1984年10月），頁166～168。

〔註231〕許道勛、趙克堯：《唐玄宗傳》，頁184～186。

〔註232〕參考方震華：〈唐宋政治論述中的貞觀之政——治國典範的辯論〉，《臺大歷史學報》第40期（2007年12月），頁27～31。

〔註233〕《帝範·納諫篇》云：「夫王者高居深視，虧聽阻明，恐有過而不聞，懼有闕而莫補。」即以思補君過義告示儲貳。見唐太宗，吳雲、冀宇校注：《唐太宗全集校注》（天津：天津古籍出版社，2004年2月），頁606。

說「掩上之過惡」，范祖禹說「退則思所以儆戒」、「防君之惡」，〔註234〕大體是唐太宗論思補君過義的繼承。

《論語‧子張》篇曾子聞孟莊子不改父之臣與父之政章，范祖禹曾辯曰：「父不義，子不可以不爭；父不善，子不可以不改，道之常也。親之過小，不可改；親之過大，不可不改也。若天子不改而失天下，諸侯不改而失其國，大夫不改而失其家，雖莊子之孝，亦不可為也。」〔註235〕范祖禹以《孝經》力駁孟莊子之孝不可為，由此可見《孝經》諫諍義的典範地位。在《論》、孟、荀三者之中，《孝經》的諫諍思想比較接近於荀子，《孝經》與荀子的論調剛強直切，相較於司馬光所說的「掩」，態度上有些微的不同。《指解》又說：

> 上有美不能助而成也，有惡不能救而止也。激君以自高，謗君以自
>
> 潔，諫以為身而不為君也，是以上下相疾而國家敗矣。〔註236〕

比較《孝經》與《荀子》原意，司馬光論諫諍此義對於君主是平和許多，若諫諍不成，臣子要掩飾君主的過錯，不過只要翻開文集可知，曾居諫官之司馬光，其諫諍之堅持直切，「掩上之過惡」絕非主要原則。筆者以為，要適當理解司馬光對《孝經》解釋，必須回到仁宗以來的歷史背景。宋初三朝多不喜臣下言事，然仁宗朝臺諫事權提高，舉凡君主宰相、將軍百官，無不在諫諍的範圍之內，〔註237〕在他們的心目中，臺諫最大的職責就是伸張糾舉，〔註238〕對於諫官此責司馬光應有相當理解，在匡救君惡的原則下，掩飾君過非其主要目的，甚至可以說，這是諫官的最大過錯，而《指解》此論委婉許多，實乃北宋中期政治時事的一種反映。仁宗執政初期，范仲淹曾力諫皇帝不該率領大臣恭賀太后，晏殊甚至指責其「非忠非直，但好奇邀名而已」，〔註239〕由於臺諫在仁宗朝事權提高，逐漸形成朝臣中的新勢力，仁宗廢后，

〔註234〕以上見《孝經注解》，頁18下〜19上。

〔註235〕引自〔宋〕朱熹：《論語精義》（京都：中文出版社，1977年，和刻影印近世漢籍叢刊思想三編影印十八世紀和刻本），卷10上，頁13下。

〔註236〕〔宋〕司馬光：《古文孝經指解》，《孝經注解》，頁18下〜19上。

〔註237〕參考习忠民：《宋代臺諫制度研究》（成都：巴蜀書社，1999年5月），頁173〜176。

〔註238〕諫官錢彥遠云：「論奏官曹涉私，冤濫未伸，是二者皆有司臣下之過也。」對應《孝經》諫諍思想的「補過」之論，不能伸張君過才是諫官最大的過錯，掩飾君過違反諫官的原則。見〔宋〕錢彥遠：〈上仁宗論臺諫不許風聞言人過失〉，〔宋〕趙汝愚編，北京大學中國中古史研究中心點校整理：《宋朝諸臣奏議》（上海：上海古籍出版社，1999年12月），上冊，頁563。

〔註239〕〔宋〕范仲淹，李勇先，王蓉貴點校：〈上資政晏侍郎書〉，《范仲淹全集》（成

孔道輔與歐陽脩等諫阻不可，這些諫諍者又被批評爲「自以聖人之後，常高自標置，性剛介，急於進用」，〔註240〕所謂「好奇邀名」、「急於進用」，是反對臺諫派的有力指責，故歐陽脩等將增爲諫官時，蔡襄特別辯護道：

> 邪人惡之，必有禦之之說，不過曰：「某人也，好名也，好進也，彰君過也。」或進此說，正是邪人欲蔽天聰，不可不察。臣請爲陛下陳之。一曰「好名」。……二曰「好進」。前古諫臣之難者，庸主昏世，上犯嚴威，旁觸勢要，鼎鑊居側，斧鑕在前，死所不辭，安得好進乎？蓋近來諫官進用太速，故世人咸以謂之好進。今諫官有盡忠補闕之效，陛下但久任勿遷，使其人果忠且義，雖死於是官，亦無恨矣。三曰「彰君過」。凡諫諍之臣，蓋以司乎過舉也。緩則密疏，急則昌言，期於必正。若人主從而行之，適以彰乎納諫之美，安得謂之彰過乎？

> 然諫官亦有好名、好進、彰君過者，異於此。巧者之爲諫臣，事之難言者，則暗而不言，擇其無所忤者言之。就令不行，〔不〕復再議，退而曰：「某事我嘗言之矣。」此可謂之好名也。容容默默，無所恥媿，踐歷資序，以登貴仕，此可謂之好進也。凡人主之有過，諫官最爲近密，或不盡言，人主何從而知且變更乎？傳之當世，垂之於後，終以爲過。此可謂彰君過。臣向之所論，乃忠與巧者之分，願賜省覽。〔註241〕

從群臣相互往來的反應可知，諫諍者好名、好進、彰君過的批評，在當時是相當大的輿論，仁宗也相當清楚，故蔡襄特地爲歐陽脩等上書力辯。好名之辯，蔡襄認爲諫官直言陳切，必招來反對意見，臣子必定拋開了人情包袱，才力陳諫諍，同時以分別善惡爲名，並無什麼不妥。好進之評，即爲諫官增員與事權增高，「近來諫官進用太速」，引來反對者的眼紅。至於彰君過的說法，即與《孝經》的諫諍思想相呼應，從蔡襄的辯駁可知，諫諍以改君過是

都：四川大學出版社，2002 年 9 月），上冊，頁 230。

〔註240〕〔宋〕田況：《儒林公議》（臺北：藝文印書館，1965 年，百部叢書集成影印明萬曆年間稗海本），卷下，頁 4 下。

〔註241〕〔宋〕蔡襄，吳以寧點校：〈言增置諫官書〉，《蔡襄集》（上海：上海古籍出版社，1996 年 8 月），頁 396～397。按：趙汝愚《奏議》題作「上仁宗論諫官好名好進彰君過三說」，此題更易彰顯時人非議諫官之重點，同時《奏議》版本較佳，據此改之。見〔宋〕趙汝愚編，北京大學中國中古史研究中心點校整理：《宋朝諸臣奏議》，上冊，頁 558。

士大夫的政治原則。司馬光之一再上諫、又語言直切，即是仁宗朝范仲淹、歐陽脩等議論風氣的影響。司馬光說「激君以自高，謗君以自潔，諫以爲身而不爲君也」，即是反對派對諫官「好名」、「好進」之譏，司馬光身處於當時的政治環境，必定了解反對派的批評，《指解》激君自高、謗君自潔之言，「諫以爲身而不爲君」者，即爲蔡襄「巧者之爲諫臣」的批評，司馬光此段解釋，是對臺諫批評者的回應。臺諫反對派的批評是輿論裏的一大威脅，司馬光處理相關章節，必須相當小心，故語言委婉許多。從《孝經》的注解中，司馬光表示諫官並非好名、好進、彰君過者，而是不希望落到「上有美不能助而成，有惡不能救而止，上下相疾而國家敗」的境地，若不能反覆諫諍，導致君主一再做出錯誤決策而污名萬世，這才是諫官最大的過錯。

（二）災禍論述的揚棄與新變

　　南北朝因執政者不喜下對上的批評，《孝經》諫諍思想的解讀有所轉折。至唐太宗時，強調納諫之風氣與重要，《孝經》的解讀回到司馬遷與《白虎通》的早期見解，搭配貞觀朝的制度與成效，思補君過的解讀成爲往後《孝經》詮釋的典範。范祖禹用來批評《論語》裏的曾子，可知《孝經》諫諍思想受到相當的重視。以司馬光的解讀可知，北宋士大夫在接受、繼承並展現其諫諍時，又有相當程度的阻力，此爲時代風氣的影響。今於司馬光、范祖禹解釋之中，又有一例可見時事所導致的思想新變。

　　《白虎通》論諫諍處有「天見災變」的災異之論，這是天意對執政錯誤的譴告。以正面的態度看待此文，它與諫諍、諷喻同樣有勸告君主之義，同時《孝經》似乎也有災異譴告式的語言。〈庶人章〉「故自天子至於庶人，孝無終始，而患不及者，未之有也」，《疏》云：

　　　〈蒼頡篇〉謂患爲禍，孔、鄭、韋、王之學引之以釋此經。〔註242〕
參考《疏》文，孔《傳》、鄭《注》、韋昭、王肅之學，以李斯〈蒼頡篇〉作爲根據，將「患不及」的「患」字解作災禍，《疏》文前又有一「鄭曰」：

　　　「鄭曰諸家皆以爲『患及身』，今《注》以爲『自患不及』，將有說乎？」答曰：「案《說文》云『患，憂也』，《廣雅》曰『患，惡也』，又若案《注》說，釋『不及』之義凡有四焉，大意皆謂有患貴賤行孝無及之憂，非以患爲禍也。」〔註243〕

〔註242〕《孝經注疏》，卷3，頁2下。
〔註243〕《孝經注疏》，卷3，頁2下。

此語有解讀上的歧異。若把整段話都歸屬於鄭《注》（或是對鄭《注》的疏解），此解以《說文》、《廣雅》為據，否定釋患為禍，剛好否定「〈蒼頡篇〉謂患為禍，孔、鄭、韋、王之學引之以釋此經」的解說，疏文之前的「鄭曰」與之後的「孔、鄭、韋、王之學」不同。若把「鄭曰」至「將有說乎」當作鄭《注》的解釋，則「今《注》」一語似乎是說：鄭玄本來釋患為禍，不過後來又改成「自患不及」的憂患義。這兩種解釋都產生了共同的問題，前述「鄭曰」與後述「鄭學」不同，此為《孝經疏》的「兩鄭曰」問題。阮福與皮錫瑞認為，〔註244〕當以「〈蒼頡篇〉謂患為禍」為鄭《注》的解釋，今鄭《注》殘文有「患難不及其身」，〔註245〕可知鄭《注》釋患為禍，並非憂患之義，至於「鄭曰」以下，當為唐代學鄭學者所作的發難。在新資料出現以前，阮福之說較為合理，故本文據此標點為：「鄭曰」至「將有說乎」為一發問，諸家應指「孔、鄭、韋、王」諸家，發問句中的「今《注》」，應該就是《御注》云「患不能及」，「荅曰」以下是《疏》文針對《御注》不同於孔、鄭、韋、王諸家所作的解釋。

　　《漢書‧杜欽傳》曾引「孝無終始，而患不及者，未之有也」之語，顏師古解釋：

　　　　言人能終始行孝，而患不及於道者，未之有也。一說行孝終始不備，

　　　　而患禍不及者，無此事也。〔註246〕

顏師古紀錄了兩種說法：前說認為，自始至終都遵行孝道，又害怕不及孝道者，是沒有這回事的，言下之意為：行孝可及於道；後說則採禍患災難之解，如果行孝不夠完備，沒有災禍降臨於己身，是沒有這回事的，也就是說，若不貫徹孝行，必有災異。後面這個解說，可能就是孔、鄭、韋、王之義，梁武帝序《孝德傳》云：「夫天經地義，聖人不加。原始要終，莫踰孝道，能使甘泉自湧，鄰火不焚，地出黃金，天降神女。感通之至，良有可稱。」〔註247〕此謂「原始要終，莫踰孝道」，應該就是「孝無終始」的說法，只是梁武帝採取正面的態度，若貫徹孝道，必有甘泉以下的福應。孝有福應，不孝則禍，

〔註244〕〔清〕阮福：《孝經義疏補》，卷3，頁7。〔清〕皮錫瑞：《孝經鄭注疏》，第20冊，卷上，頁20下。

〔註245〕陳鐵凡：《孝經鄭氏解抉微‧孝經鄭氏解斠銓》，頁70。

〔註246〕〔漢〕班固，〔唐〕顏師古注：《漢書》（北京：中華書局，1962年6月），〈杜周傳〉，第9冊，頁2675。

〔註247〕許德平：《金樓子校注》（臺北：嘉新水泥公司文化基金會，1969年8月），頁203。

終始行孝與禍福之間的關係，其實就是《白虎通》災異式的思維。

前章曾述東漢以後，《孝經》多有禍福之喻，藉由梁武帝所序可知，魏晉南北朝的終始禍福之論，仍舊在《白虎通》災異譴告式的脈絡裏，顏《注》後記之說流傳較久。至於前述「終始行孝，而患不及於道」的說法，《疏》云「孝道深廣，非可立終」，《疏》文不談及不及道的問題，直接判斷：孝道不可有終，對《疏》文而言，「終始行孝」根本就是一個是錯誤的提法。這可再從兩個方面來討論。以終始之言探究經文，《孝經》有兩處可作行孝終始之論，一是首章「始於事親，中於事君，終於立身」的「始——中——終」論，一是末章以儒家喪禮、守喪的「示民有終」。由這兩處衍生的終始之義，都在思考行孝的起點與終點，顏《注》所講的「能終始行孝」，意味著某人已經在一時限之內盡了孝行，又思考自己的所作所爲是否合乎孝道。對於這種有終始時間點的提法，《疏》云：

> 鄭玄以爲「父母生之，是事親爲始。四十強而仕，是事君爲中。七十致仕，是立身爲終也」者，劉炫駁云：「若以始爲在家，終爲致仕，則兆庶皆能有始，人君所以無終。若以年七十者始爲孝終，不致仕者皆爲不立，則中壽之輩盡日不終，顏子之流亦無所立矣。」〔註248〕

「鄭玄以爲」即爲鄭《注》，「四十強而仕」以下，《經典釋文》引作「行步不逮，縣車致仕」，〔註249〕《禮記·曲禮》有「大夫七十而致事」，鄭玄《注》云「致其所掌之事於君而告老」，〈內則〉也有「七十致事」之語，鄭玄《注》同此，竊疑《孝經》鄭《注》七十致仕與懸車之述，即爲《禮記注》之義。〔註250〕依此解，所謂「四十強而仕」、「七十致仕」，並不是仕了又仕，而是致仕之後告老退休，鄭玄《禮記注》云「致其所掌之事於君」，P.3274 懸車解又云「敘其所掌之職」，〔註251〕則此懸車告老，並非退休無事，而是要把參與政治的經驗傳承下去，此其致仕、致事之義。若嚴格界定其「終」，卸下官職之後，還有傳承的工作，鄭《注》所論終始有這一套事親、事君、傳承的涵義，不過劉炫把焦點放在四十、七十這特定的時限上，若以七十歲才能說終，那短壽之人豈不永無孝終。劉炫的語氣容易引起反感，此爲時人不

〔註248〕《孝經注疏》，卷1，頁4上。
〔註249〕〔唐〕陸德明，鄧仕樑、黃坤堯校訂索引：《新校索引經典釋文》，卷23，頁1下。
〔註250〕以上見〔漢〕鄭玄注，〔唐〕孔穎達等疏：《禮記注疏》，卷1，頁15上；卷28，頁21上。
〔註251〕圖版見陳鐵凡編纂：《敦煌本孝經類纂》，頁122。釋文參考陳金木：〈敦煌本孝經鄭氏解義疏釋文〉，附錄於《皇侃之經學》，頁445。

喜其學的原因之一，不過劉炫的反駁提供了另一種思考，討論終始的問題不該在個人的生命階段上打轉，同時君主孝治是《孝經》強調的重要涵義，若強調孝子必須有事君的歷練，這就難以統攝君主的角色，生命階段的歷程，也不該拘泥於「事君」的政治角度。

《孝經疏》採納了劉炫的說法，以固定的生命歷程，又主張事君的終論，《注》、《疏》體系是不接受的。若轉以事親作為思考的主軸，子女事奉父母可能是較接近普遍認知的孝順行為。當父母的生命走到了盡頭，又完成了儒家葬禮與守喪，以實際的侍奉而言，事親之事已經來到了終點，但《孝經》又有「揚名」的思想，父母往生以後，仍要立身行道、彰顯父母之名，故喪禮與喪期不能視為行孝之終。《疏》文又說：

> 云「故行孝以不毀為先」者，全其身為孝子之始也。云「揚名為後」者，謂後行孝道為孝之終也。夫不敢毀傷，閉棺乃止；立身行道，弱冠須明經。雖言其始終，此略示有先後，非謂不敢毀傷唯在於始，立身獨在於終也。明不敢毀傷，立身行道，從始至末，兩行無怠。此於次有先後，非於事理有終始也。〔註252〕

所謂「立身行道，弱冠須明經」，並不是一開始就立身行道，年少時期必須先從經學教育開始，而在學齡之前，「不敢毀傷」的全身要求，已經是行孝之始；至於孝行的終點，直到自我生命的完結之前，都必須注意自己的行為是否合乎孝道，保全身體則是一項最基本的要求。依照鄭《注》的思維，在達成一個項目之後，又會有新的責任，但對《注》、《疏》而言，行孝事親並不是一項接著一項的歷程性行為；《注》、《疏》體系揚棄這種特定生命歷程的論法，經文雖說以保身思想為始，立身揚名為終，《注》、《疏》也要打破保身、揚名的時序。在不同階段的生命裏，行孝事親之事可能有不同面向的強調，但並不是說，實踐保身，就不考慮揚名顯親；立身行道，就忽略保身之始。《孝經》這些論孝的要求，都是交相呼應的，《孝經》所述「孝理」，必包含《孝經》所述的種種要求，故不能用歷程性的偏重，來作項目式的割裂。

綜言之，《注》、《疏》反對歷程性的、項目式的終始之論，《疏》解首章又說道：「云『忠孝道著，乃能揚名榮親，故曰終於立身也』者，此釋終於立身也。然能事親事君，理兼士庶，則終於立身，此通貴賤焉。」〔註253〕姑且

〔註252〕《孝經注疏》，卷1，頁3下。
〔註253〕《孝經注疏》，卷1，頁4上。

把總納《孝經》的孝理視爲一理論整體，此一整體不但打破終始的時序項目，還「理兼士庶」、「通貴賤」，更有打破尊卑階級的意義。《疏》文此論乃針對謝萬、劉瓛而言：

> 謝萬以爲「無終始，恒患不及，未之有者」，少賤之辭也。
>
> 劉瓛云：「禮不下庶人。若言我賤而患行孝不及己者，未之有也。」
>
> 此但得憂不及之理，而失於歎少賤之義也。〔註254〕

《孝經》的論述有天子至庶人的五等之孝，《御注》云「始自天子，終於庶人，尊卑雖殊，孝道同致」，〔註255〕《注》、《疏》不接受孝行或理論上的終始程序，但《注》、《疏》接受了以〈天子章〉爲始、〈庶人章〉爲終的五等尊卑。謝萬、劉瓛以〈曲禮〉「禮不下庶人，刑不上大夫」作爲基調，所謂「無終始，恒患不及，未之有者」，意謂：庶人不必因爲自己卑賤的身份，而擔心庶人無法盡禮盡孝。《疏》即以這種論法承認了庶人有行孝的可能，但「禮不下庶人」的憂慮，強調出五等之孝的階級差異，此即「失於歎少賤之義」，孝有尊卑之別是《注》、《疏》所不樂見的。不過這打破貴賤、追求普遍的涵義，並非《注》、《疏》始發，此乃承襲梁武帝而來，《疏》文存有：

> 舊問曰：「天子以愛敬爲孝，及庶人以躬耕爲孝，五者並相通否？」
>
> 梁王荅云：「天子既極愛敬，必須五等行之，然後乃成。庶人雖在躬耕，豈不愛敬及不驕不溢已下事邪？」以此言之，五等之孝，互相通也。〔註256〕

天子要極愛敬以孝治天下，庶人何嘗沒有愛敬父母之心，愛敬俱爲人類的自然天性，這自然存有之義，不應該被五等之孝侷限，沒有人被尊卑階級排除在外，孝理普遍、人人可行，此爲《注》、《疏》解「無不及、未之有也」之義。《疏》文又說：

> 經言「孝無終始」，謂難備終始，但不致毀傷，立身行道，安其親、
> 忠於君，一事可稱，則行成名立，不必終始皆備也。此言行孝甚易，
> 無不及之理，故非孝道不終始致必反之患也。〔註257〕

「難備終始」在「不致毀傷」的語意裏，講的是事親、喪禮、守喪這類儒家

〔註254〕以上見《孝經注疏》，卷3，頁2下。
〔註255〕《孝經注疏》，卷3，頁2上。
〔註256〕《孝經注疏》，卷1，頁5下。按：「五者」原作「王者」；「互相通」，原作「反相通」，以上據阮刻本附《校勘記》改。
〔註257〕《孝經注疏》，卷3，頁2。

對於孝的要求,「示民有終」之義,即是避免因爲喪親的悲哀,導致身體、心理的損害,而有違於保身思想的基本要求。〔註258〕至此,《注》、《疏》的詮釋已經對東漢以來的《孝經》學做了一次轉折:首先釋患爲憂,「孝道不終始致必反之患」,不採禍福之說,揚棄了《白虎通》以降的災異思維,接著打破歷程性與項目式的論法,標舉出一統合眾理的孝理,又繼承梁武帝的言論,孝理不分階級,是一普遍可行的倫理要求。

在相關章節的比較上,《注》、《疏》與《解》、《說》間各有不同程度的繼承與差別,司馬光、范祖禹兩人認爲:

> 始則事親也,終則立身行道也。患謂禍敗,言雖有其始而無其終,猶不得免於禍敗而羞及其親,未足以爲孝也。

> 「始於事親,終於立身」者,孝之終始,自天子至於庶人,孝不能有終有始而禍患不及者,未之有也。天子不能刑四海,諸侯不能保社稷,卿大夫不能守宗廟,士不能守祭祀,庶人不能養父母,未有災不及其身者也。〔註259〕

司馬光採取了事親以至於立身行道的時序說,范祖禹則保留了尊卑階級的差別涵義,不過在「患」字的解釋上,司馬光解釋爲「禍敗」,范祖禹更解釋爲「災」,司馬光、范祖禹兩人在「患不及者」的解釋上相當一致。在漢代以來的詮釋史中,司馬光、范祖禹兩人接近《白虎通》與孔、鄭、韋、王之學。《注》、《疏》在反駁前說的過程中,辯駁歷時項目的思考,又闡發共通尊卑的普遍,相較之下,《注》、《疏》的詮釋豐富,司馬光與范祖禹則單純許多。再以「患」字的解釋作爲指標,《解》、《說》的講法似乎回到了漢代的早期說法,不過這並非神秘災異式的思維,司馬光等有政治上的考量。司馬光曾諫英宗:

> 臣聞治身莫先於孝,治國莫先於公。孔子曰「孝,德之本也」,又曰「不愛其親而愛它人者,謂之悖德,不恭其親而恭它人者,謂之悖禮」,未有根絕而葉茂,源涸而流長者也。仁宗皇帝以四海大業授之陛下,其恩德之大,天地不足以爲比。今登遐之後,骨肉至親,獨有皇太后與公主數人,陛下所當日夜盡心竭力,供承撫養,以副仁宗皇帝之意。嚮者皇太后聽政之時,左右侍衛之人不敢不恪,求涓

〔註258〕《注》《疏》除了對自然、名教之別做出回應,此不敢毀傷也是魏晉死孝說的導正。

〔註259〕以上見《孝經注解》,頁6上。

之物無敢不備，既委去政柄，臣竊慮有無識小人，隨勢傾移，侍奉
懈慢，供給有闕，則天下之責皆歸陛下，此不可不留意，朝夕省察
者也。又若有不逞之人，於兩宮之間刺探動靜，拾掇語言，外如效
忠，內實求媚，以相與搆間者。臣願陛下逆拒其辭，執付有司，加
之顯戮，誅一人則群邪自退，納一言則百讒俱進，此乃禍亂之機，
不可不深察也。〔註260〕

司馬光用《孝經》敘述了相當長的一段話，但其內容其實只有兩項要點。英
宗即位不久，即因病不朝，故曹太后權兼軍政。此垂簾聽政事與仁宗、劉太
后相似，司馬光於此時上《指解》，又引《孝經》事，即有仁宗朝章憲明肅劉
太后資孝補政的意味，希望英宗能先做好繼體守文之君的角色，與曹太后保
持和諧，為此引《孝經》的正面論述。如果英宗不能維持與太后間的和諧，
甚至反其道而行，必有小人趁機離間兩人感情，若兩權之間產生皇家內的衝
突，必定會影響外朝，成為國家的「禍亂之機」，司馬光等會以「災禍」來解
《孝經》義，並非天意神秘之譴責，而是政治上的實際考量。

〔註260〕　〔宋〕司馬光：〈二先箚子〉，《溫國文正司馬公文集》，卷28，總頁253。按
　　　　　「與搆」二字據《傳家集》補。

第六章　朱熹與心學家的《孝經》學
——兼論《孝經》的衰落

　　朱熹的《孝經刊誤》是南宋《孝經》學裏最有影響力的作品,從題名可知,朱熹面對《孝經》的態度,與司馬光、范祖禹等人大不相同,故要研究朱熹的《孝經》學,必須從北宋以來《孝經》學的轉變論起。漢代以來,《孝經》一直是童蒙教育的基礎讀物,但《孝經》的價值不只如此,這從〈漢志〉不把《孝經》歸入小學類就可見一斑。至於宋代,作為帝王教育的《孝經》,除了有孝治上的宣示,更有遵守祖宗之法的特殊意義,對於司馬光等人來說,無論侍講《孝經》、或以《孝經》論政,《孝經》是司馬光、范祖禹等人的政治原則。上章猶有未盡之意,本章將進一步說明。借助明儒的分析,北宋有《孝經》衰落的現象,〔註1〕這是朱熹《刊誤》的根源;另一方面,陸九淵又是一股相對於朱熹的潛流。本章將針對朱、陸對於《孝經》的相關看法,加以申論。

第一節　《孝經》衰落的原因

一、經傳讖緯的懷疑與相關禮制的討論

〔註1〕　孫本認為:「至宋王安石,從而擯棄之,其罪又浮於貞。」朱鴻又詳加說明:
「漢世近古,《孝經》居九經之一,嘗列學官、置博士,雖羽林武臣,明帝皆
令通習之。延及宋初,亦得附試明經。自王安石變新經義,始不以取士,是
時《孝經》為廢滅餘篇,與詰責家家誦習者遠矣。」明・孫本:《釋疑・古文
流傳本末》、明・朱鴻:《孝經質疑》,收入明・朱鴻編:《孝經總類》(上海:
上海古籍出版社,1995 年,續修四庫全書第 151 冊影印北京圖書館藏明抄
本),午集,頁 24 下,總頁 135;巳集,頁 38 下,總頁 110。

（一）從歐陽脩到胡寅：疑經論述的發展

宋代的疑經風氣，就是對於既有的成說產生懷疑，懷疑範圍包含了以往被視爲聖人制作的經典與解釋經典的相關作品，在此懷疑的風氣之中，歐陽脩可能是最早涉及《孝經》的學者。〔註2〕《集古錄》跋東漢史晨碑云：

（碑）云：「孔子乾坤所挺，西狩獲麟，爲漢制作，故《孝經援神契》曰『玄丘制命，帝卯行』，又《尚書考靈耀》曰：『丘生倉際，觸期稽度爲赤制。』」讖緯不經，不待論而可知。甚矣，漢儒之狹陋也！

孔子作《春秋》，豈區區爲漢而已哉！〔註3〕

嚴格來說，歐陽脩不滿的是讖緯的說法，並非針對《孝經》本身；《孝經援神契》認爲，《春秋》是孔子爲漢制作的寶典，即爲《尚書考靈耀》所說的「赤制」，這是三統說與天命運行的詮釋特色，漢儒以此解釋政權的合理，關於這些說法，第四章已有討論。而歐陽脩的批評尚有兩點必須注意：第一，歐陽脩並非反對《春秋》爲孔子所作，但討論經籍的著作問題，不能以讖緯作爲依據，孔子「志在《春秋》、行在《孝經》」十分可疑，這與《孝經》的作者問題相關；第二，漢代以後，讖緯之學歷經了一段長時間的沈積，形成了一套解釋體系，《注》、《疏》就是一個最具代表性的例子，〔註4〕這牽動著漢、唐以來的舊學。除此之外，這些說法都有相對應的禮制，懷疑讖緯的同時，對相關的禮制也造成鬆動，故分析疑經風氣與《孝經》的關係，尚須討論禮制上的問題。

歐陽脩雖未針對《孝經》進行分析，但在疑經的論述中，他提出了許多具有代表性的論點，這可說是後代《孝經》學的先聲。歐陽脩論〈繫辭〉提到：「是講師之傳，謂之〈大傳〉，其源蓋出於孔子，而相傳於《易》師也。其來也遠，其傳也多，其間轉失而增加者，不足怪也。故有聖人之言焉，有非聖人之言焉。」〔註5〕漢初傳經多以口述，辨析師徒間的話語十分困難，早期的學者並不在意這個問題，他們相信師弟子的傳承，在一家之學內，分別

〔註2〕 楊新勛：《宋代疑經研究》（北京：中華書局，2007年3月），頁60。

〔註3〕 〔宋〕歐陽脩：〈後漢魯相晨孔子廟碑〉，《歐陽修全集》（北京：中華書局，2001年3月），第5冊，頁2121～2122。碑文見〔清〕王昶：《金石萃編》（臺北：藝文印書館，1966年，石刻史料叢書第8冊影印嘉慶年間經訓堂本），卷13，頁1下。

〔註4〕 故歐陽脩要求官方要刪去《注》、《疏》中的讖緯學說。〔宋〕歐陽脩：〈論刪去九經正義中讖緯箚子〉，《歐陽修全集》，第4冊，頁1707。

〔註5〕 〔宋〕歐陽脩：〈易或問〉，《歐陽修全集》，第5冊，頁879。

師徒無多大必要，〔註6〕不過漢初經師甚至是孔門師徒間都有新變的可能，在時間的長河之中，以往被視爲是春秋以來，代代相承的解釋，事實上都具有懷疑的空間。此等懷疑之中，歐陽脩並非否定古代的傳述，但學者不能再以師徒一概的看法來看待先秦以來的演變，辨別師徒間的話語，抽繹眞正的聖人之言，是學者必須努力的方向。打破師徒等同的觀點，歐陽脩又說：

> 昔孔子門人追記其言作《論語》，書其首必以「子曰」者，所以別夫子與弟子之言。又其言非一事，其事非一時，文聯屬而言難次第，故每更一事必書「子曰」以起之。若〈文言〉者，夫子自作，不應自稱「子曰」。又其作於一時，文有次第，何假「子曰」以發之？乃知今《周易》所載，非孔子〈文言〉之全篇也。蓋漢之《易》師，擇取其文以解卦體，至其有所不取，則文斷而不屬，故以「子曰」起之也。……今上〈繫〉凡有「子曰」者，亦皆講師之說也。然則今《易》皆出乎講師臨時之說矣，幸而講師所引者，得載於篇，不幸其不及引者，其亡豈不多邪？嗚呼！歷弟子之相傳，經講師之去取，不徒存者不完，而其僞謬之失，其可究邪！〔註7〕

回歸文獻本身，〈文言〉是語錄體的呈現，它頂多是學生對老師解經的紀錄，並非孔子自著的作品，〈繫辭〉的狀況理應同此，在文獻與傳說之間，歐陽脩選擇了以前者作爲判斷依據。在歐陽脩的辨析下，〈繫辭〉不是孔子的著作，但這不代表歐陽脩忽略《易傳》的價值。比起個人著作，語錄與孔子的關係似乎隔了一層，但依常理判斷，學生對老師話語的紀錄，應該十分小心，這是語錄體可信的原因。因此，《易傳》雖非孔子自著，但「子曰」出於孔子之口，後人可以藉此進一步了解孔子的思想，不過這些紀錄終究是藉由口傳，春秋與漢距離遙遠，在口授過程之中，難免有後學的增踵與失誤，學者必須留意。

　　以歐陽脩的觀點來解釋《孝經》，孔子作《孝經》說，正與孔子作〈繫辭〉說相同，同時孔子作《孝經》的說法來自於讖緯的建構，一旦讖緯遭受質疑，孔子與《孝經》的關係將大打折扣，所謂《孝經》爲孔子治世的寶典、孔子行在《孝經》的說法，都將回到單純的語錄對話。另一方面，歐陽脩認爲，孔子自爲「子曰」的說法實不足信，這正是《孝經注疏》所保存的劉炫之說。

〔註6〕　參考〔清〕章學誠，葉瑛校注：〈言公上〉，《文史通義校注》（臺北：頂淵文化事業股份有限公司，2002年9月），頁172。

〔註7〕　〔宋〕歐陽脩：〈易或問〉，《歐陽修全集》，第5冊，頁946～947。

經由歐陽脩的分析，傳世文獻的「子曰」，不是自言自語的著作體式，只是弟子的紀錄，只能當作一種傳述，同時從口傳到寫定之間，不如想像中的穩定，這些弟子紀錄的「子曰」，都值得檢驗，歐陽脩更懷疑有部份的「子曰」是後學張冠李戴的作品。朱熹不信《孝經》「子曰」所云，即是源於歐陽脩的懷疑。

　　與大多數人相同，《孝經》是朱熹的啟蒙讀物，根據自述，朱熹早年尊信《孝經》，他經過與程迥的討論，朱熹轉而接受胡寅與汪應辰等人的看法，其中又以胡寅的意見最為重要。《資治通鑑・晉紀》記五胡十六國漢之安昌王劉盛：「盛少時，不好讀書，唯讀《孝經》、《論語》，曰：『誦此能行，足矣，安用多誦而不行乎！』」〔註8〕胡寅《致堂讀史管見》評之曰：

> 《孝經》一書，明百行之首要矣，然非曾子所自為也。曾子嘗問孝於仲尼，仲尼語之，曾子退而與門弟子言之，門弟子而成書也。若使曾子自為，則其體必簡質如〈中庸〉，不若是其整整也。〔註9〕

胡寅論五代雕版印經事又說：

> 《孝經》非曾子所為，蓋其門人纘所聞而成之，故整比章指，又未免有淺近者，不可以經名也。〔註10〕

劉盛為匈奴武人，《孝經》、《論語》雖然是漢人的基礎教育，不過東漢明帝規定武人必須兼習《孝經》，「匈奴亦遣子入學」，〔註11〕經過東漢的傳播，劉盛也看重這兩部書籍。胡寅不因國族觀念而輕視劉盛，相反地，胡寅認為，梁元帝雖學識淵博，但從《金樓子》可知，蕭繹學術駁雜不正，反而比不上只專注《孝經》、《論語》的劉盛。〔註12〕從胡寅的批評可知，即使雜學份量再多，終究是比不上《孝經》、《論語》，兩書雖份量不多，卻是學術裏的正道。胡寅認為，《孝經》為「百行之首要」，劉盛能了解「誦此能行，足矣，安用多誦而不行乎」，若不能實行實踐，廣博的學問終歸無用，蕭繹就是不懂這個道理。

　　胡寅不否定《孝經》啟蒙與實踐的意義，但在懷疑的眼光下，《孝經》可疑之處不少。應用歐陽脩的原則，孔子假作實不可信，《孝經》可能來自於孔

〔註8〕　〔宋〕司馬光，標點資治通鑑小組點校：《資治通鑑》（北京：中華書局，1956年6月），第6冊，總頁2749。

〔註9〕　〔宋〕胡寅：《致堂讀史管見》（臺北：臺灣商務印書館，1981年，影印清嘉慶阮元宛委別藏第56～59冊），卷7，頁15下。

〔註10〕　〔宋〕胡寅：《致堂讀史管見》，卷28，頁24下～25上。

〔註11〕　〔南朝宋〕范曄：《後漢書》（北京：中華書局，1965年5月），〈儒林列傳〉，第9冊，頁2546。

〔註12〕　〔宋〕胡寅：《致堂讀史管見》，卷14，頁10。

門後學。再將《孝經》置於孔門後學之中，《孝經》的體式過於整齊，特別是引《詩》體例接近荀子，似乎不是曾子時代所應有的特色，胡寅說「其整比章指整整也」，即是《孝經》體例的懷疑。除了體例的理由，個人與社會的相處，並不只是家庭或是爲孝一節，《孝經》的道理過於淺近，無法作爲一生的準則，在意義的豐富性上說，《孝經》比不上《論語》，胡寅認爲：

> 《論語》弟子有書諸紳者，有請事斯語者，有願聞一言可以終身者，今欲舉《論語》二十篇盡行之，志則是矣，言則美矣，吾知其汗漫多愛，而無入德之門，統道之宗也。〔註13〕

《孝經》、《論語》雖然都是基礎教育的規模，但在人生的實踐裏，《論語》才是「可以終身」者，胡寅雖贊同劉盛，但劉盛還沒有聚焦於《論語》，這又是劉盛的淺薄之處。

從歐陽脩發展到胡寅，孔子作《孝經》的說法遭受否定，它不再是孔子制作的寶典之一，同時在歐陽脩所揭示的新方向下，後學的傳承也很可疑，《孝經》可能不是來自於曾子或是曾子後學，漢初經師有增添的可能性。在孔子作與曾子作的說法動搖之後，《孝經》必須經過進一步的分析，朱熹的《孝經刊誤》即是針對新問題的回應。至於《孝經》的價值，司馬光雖然也不信孔、曾制作的舊說，但他仍然相信《孝經》是「聖人言則爲經，動則爲法」，不過胡寅則認爲《孝經》的內容不足，絕無「經」、「法」上的價值。

（二）相關禮制的鬆動：「配天」與「嚴父配天」的討論

第四章曾說明《孝經》於禮制上的影響，文中提到：《孝經》是郊祀、明堂與祖先配制的根據，鄭玄又是最具權威的說法，隋、唐以前，《孝經》所涉及的相關禮制，大多依照鄭學的辦法施行。〔註14〕經典、禮制與學術之間，《孝經》是郊祀、明堂禮的重要根據，鄭玄是禮學與《孝經》的權威解說，《孝經》、禮制、鄭學是密不可分的綜合體，故本項雖以《孝經》的相關禮制爲討論核心，不過將先以鄭玄對《禮記》的解釋作爲切入點。

《禮記·大傳》云：「禮，不王不禘。王者，禘其祖之所自出，以其祖配之。」鄭玄注曰：

> 大祭其先祖所由生，謂郊祀天也。王者之先祖，皆感大微五帝之精以生，蒼則靈威仰，赤則赤熛怒，黃則含樞紐，白則白招拒，黑則

〔註13〕〔宋〕胡寅：《致堂讀史管見》，卷7，頁15下～16上。
〔註14〕參見本論文頁136。

汁光紀，皆用正歲之正月郊祭之，蓋特尊焉。《孝經》曰「郊祀后稷
以配天」，配靈威仰也；「宗祀文王於明堂，以配上帝」，汎配五帝也。
〔註15〕

禘即爲郊祀祭天之禮，〈大傳〉云「不王不禘」，此禮唯有君王可行。觀察鄭玄
的解釋，蒼、赤、黃、白、黑正是五德運行的天命觀，靈威仰等太微五帝，更
是讖緯常見的解說。根據讖緯的說法，皇朝的盛衰有是五德運行的關係，每個
朝代的始祖，又起源於與該德相配的神祇，這種始祖的神話起源稱爲感生，該
神即爲新朝的感生帝。〔註16〕舉周朝來作說明，周屬木德，太微五帝之中，東
方木德爲靈威仰，故周朝的感生帝爲靈威仰，郊祀祭天之時，也該以始祖后稷
配木德之靈威仰，明堂禮則無感生帝的限制，汎配太微五帝即可。引用讖緯是
鄭學的一大特色，〔註17〕這也是鄭玄易受批評之處。但根據前文所述，讖緯是
漢代推動《孝經》相關禮制的一大助力，是東漢《孝經》學的主流，就此而言，
鄭玄引讖緯解經，只不過是時代風尚的展現，就此而言，《孝經》與其相關禮制，
早被讖緯之學所影響，鄭玄的解釋只不過彰顯了這個特色。

　　鄭玄感生帝的解釋並不限於〈大傳〉，〈曲禮〉、〈王制〉、〈月令〉、〈禮器〉、
〈郊特牲〉、〈明堂位〉、〈喪服小記〉、〈祭法〉、《儀禮・喪服》、《詩經・周頌・
噫嘻》、〈商頌・長發〉等等，《正義》都繼承鄭玄與讖緯的解說，由此可見鄭
學的影響力。〔註18〕感生或是感生帝的說法，在《注》《疏》之內有一定的勢
力，歐陽脩極力反對這種說法，《詩本義》對「玄鳥」、〈長發〉、〈文王〉的解
說，即是商、周感生與感生帝說的具體反駁。〔註19〕陳祥道的《禮書》更批
評：「祖之所自出，謂感生帝之靈威仰也，此何妖妄之甚。此文出自讖緯，始
於漢、哀平間僞書也，故桓譚、賈逵、蔡邕、王肅之徒，疾之如讐，而鄭玄

〔註15〕　《禮記注疏》（臺北：藝文印書館，2001年，影印嘉慶二十年江西南昌府學十
　　　　　三經注疏阮刻本），卷34，頁1上。

〔註16〕　參考徐興无：《讖緯文獻與漢代文化構建》（北京：中華書局，2003年3月），
　　　　　頁196～199。

〔註17〕　相關問題參考呂凱：《鄭玄之讖緯學》（臺北：臺灣商務印書館，1982年5月），
　　　　　頁133～233。

〔註18〕　《禮記注疏》，卷5，頁17～18上；卷12，頁1下；卷14，頁20下；卷24，
　　　　　頁2、4下；卷25，頁1下～2上；卷31，頁6下；卷32，頁7；卷46，頁3。
　　　　　《儀禮注疏》，卷30，頁15上。《毛詩注疏》，卷19之2，頁18；卷20之4，
　　　　　頁1～2上。

〔註19〕　〔宋〕歐陽脩：《詩本義》（臺北：臺灣商務印書館，1966年，四部叢刊續編
　　　　　經部第6冊），卷12，頁12～14、16；卷10，頁1～2；。

述之，通於五經，其爲誣罟甚矣。」。〔註20〕

　　唐代《正義》之中，鄭玄有相當的份量，敦煌《孝經》殘卷也多是鄭學系統，不過在唐代制定禮典的過程中，鄭學已非獨尊的地位。從唐高宗的顯慶禮開始，唐禮就有鄭、王兼採的現象。以郊祀禮來說，鄭玄祀感生帝，王肅祀昊天上帝；鄭玄郊祀、圜丘爲二，王肅不作如此分別。唐禮郊祀雖然保存了讖緯五方帝說，實際上乃依照王肅之學舉行。〔註21〕另一個與《孝經》相關的明堂禮也有類似情形，王涇《大唐郊祀錄》記：

> 以皇考代宗睿文孝武皇帝配（原注：此配食之義，即《孝經》周公嚴父之道也。開元以睿宗配。）。又以五方帝、五人帝、五官從祀。
>
> 案：高宗儀鳳二年七月，太常少卿韋萬石奏曰：「明堂大享，準古禮，鄭玄義祀五天帝，王肅義祀五行帝。貞觀禮依鄭義祀五天帝，明慶以後，用王義祀昊天上帝。」其時，詔命宰臣以下及明學者詳議，久而不決。自此，明堂王鄭之義，兼而行焉，開元定禮，因而不易也。〔註22〕

避中宗李顯諱，唐人稱顯慶爲明慶。顯慶以後，明堂禮也是鄭、王兼行，鄭玄在禮制上的影響力，已經不如唐代初期。事實上，隋煬帝曾下令禁止讖緯的活動，但是效果並不顯著，〔註23〕直到顯慶禮鄭、王並用以後，學者對於讖緯的態度才有明顯的改變。郊祀、明堂禮雖然是鄭、王兼採，但從實際上的舉行，學者逐漸不信感生帝的讖緯學說，更多唐儒認爲，天是自然氣體的展現，沒有對應的人格神存在。〔註24〕觀察這些《孝經》的相關禮制，讖緯、鄭學遭受挑戰，這些神秘的觀點，在制禮的過程中逐漸消退，歐陽脩對於讖緯的駁斥，正式要將這些說法從學術裏根除。根據第四章的分析，皇帝願意行郊祀、明堂禮，很大的原因是來自於《孝經》讖緯的鼓吹，《孝經》在讖緯

〔註20〕　〔宋〕陳祥道：《禮書》（臺北：臺灣商務印書館，1974年，四庫全書珍本第五集第28冊），卷71，頁9上。

〔註21〕　楊華：〈論《開元禮》對鄭玄和王肅禮學的擇從〉，《中國史研究》2003年第1期（2月），頁56～57。

〔註22〕　〔唐〕王涇：《大唐郊祀錄》（上海：上海古籍出版社，1995年，續修四庫全書第821冊影印民初張鈞衡適園叢書本），卷5，頁1下～2上。

〔註23〕　吳政哲：《崇緯抑讖：東漢到唐初讖緯觀念的轉變》（臺北：國立臺灣大學歷史學研究所碩士論文，甘懷眞先生指導，2007年），頁88～90。

〔註24〕　參考甘懷眞：〈《大唐開元禮》中的天神觀〉，收入《皇權、禮儀與經典詮釋：中國古代政治史研究》（臺北：國立臺灣大學出版中心，2004年6月），頁183～205。

的包裝之下，有災禍福應、趨吉避凶、甚至是驅除厲鬼等神秘感應，但經過唐禮的轉折，讖緯不再依附禮制，並獨占之，《孝經》所具有的神秘意義，隨著讖緯、鄭學而逐漸消退。

以考配天，特別是迭次配天的方法，是中唐以後的產物，王涇進一步認為，這種迭次以父相配的禮制，才是《孝經》「嚴父配天」的真意。《孝經》是漢儒行郊祀、明堂的重要根據，在漢代禮制之中，嚴父配天，是以高祖配天，專就字句上考究，這是以祖配天的方法。為了解釋政權起源與合理性，〔註25〕讖緯以五德間的運行來說明皇朝間的交替，在此目的之下，始祖只能配對該德之感生帝，每一個朝代，只有一人格神的線性傳承，祖先與感生帝有嚴格的配對，這種解釋政權合理的意義，在明堂禮中似乎淡薄得多，故明堂禮可以汎配五帝，不必計較人格神的配對。

在讖緯與鄭玄的學說中，以一個悠遠的始祖，與感生帝相配，這有神格降生的政治目的。不過唐禮之後，論者不再用降生之說來說明政權的合理。宋初曾有一次該以宣祖或是太祖配天的議論，扈蒙論曰：

> （太平興國九年八月 A.D.984）《孝經》：「郊祀后稷以配天，宗祀文王以配上帝。」自今請以宣祖配圜丘，太祖配大享，於禮為允。是冬罷封禪，行冬至圜丘之禮。

> 太祖受周禪，追尊四廟，親郊以宣祖配天，然以今日之禮言之，在禮未得為安。夫舜郊譽、商郊冥、周郊后稷，王業因之而興也。若漢高之太公，光武之南頓，雖有帝父之尊，而不預配天之祭，故今以太祖配天，於禮為允。〔註26〕

從扈蒙之語可知，以宣祖配天，主要是追尊的理由，若太祖以下已合七廟之數，太祖趙匡胤毋庸置疑是政統之祖，〔註27〕但北宋禮制尚屬初創，當然也不可能有七代來湊合禮數，故扈蒙論禮猶有游移。李燾《長編》又記：

> （雍熙元年十一月 A.D.984）丁卯，祀天地於南郊，大赦，改元。

> 初，太祖追尊四廟，親郊以宣祖配天。及上即位，禮官以為：「舜郊

〔註25〕 參考楊晉龍：〈神統與聖統──鄭玄王肅「感生說」異解探義〉，《中國文哲研究集刊》第 3 期（1999 年 3 月），頁 497～508。

〔註26〕 〔宋〕蘇洵等：《太常因革禮》（臺北：藝文印書館，1964 年，百部叢書集成第 1321 冊影印清光緒廣雅書局史學叢書本），卷 7，頁 3 下～4 上。

〔註27〕 參考李衡眉：〈宋代宗廟中的昭穆制度問題〉，《河南大學學報（社會科學版）》第 34 卷第 4 期（1994 年 7 月），頁 14。

> 嚳、商郊冥、周郊后稷，王業因之而興也。若漢高之太公，光武之
> 南頓，雖有父之尊，而無豫配天之法。故三年、六年再郊，並以太
> 祖配天，於禮爲允。」上將東封，詔扈蒙定禮儀，蒙乃奏議云：「經
> 曰：『嚴父莫大於配天。』請以宣祖配天，而太祖配上帝。」及罷封
> 禪爲郊祀，遂用蒙議，議者非之。自張昭、竇儀卒，朝廷諮訪典故，
> 草立儀法，皆蒙專焉。〔註28〕

扈蒙原以太祖配天，但太宗趙匡義改元之後，扈蒙改以宣祖爲論。宣祖是太
祖的父親，也是太宗的父親，以父親作爲配天的原則，宣祖配天沒有什麼問
題，不過，若以政統或是功業論之，「王業因太祖而興」，太祖才是宋代的開
國始祖，究竟《孝經》「嚴父配天」該如何解釋，扈蒙並無把握，《孝經》「嚴
父配天」並沒有一個固定的說法。

　　要以宣祖還是太祖配天的問題，太宗採取折衷的辦法，以宣祖、太祖同配
（淳化三年 A.D.992），〔註29〕這是仁宗三聖並侑的先聲。仁宗會行明堂禮基本
上是個巧合，本來要在室外親祀南郊，但因天象不吉，遂移至室內舉行。〔註30〕
在讖緯與鄭玄的學說之中，郊祀祭天有政權合理的意味，朝代內的繼承，是嚴
格的單傳線性，但是宣祖、太祖同配的辦法，打破了一對一的天命繼承。郊祀
原本具有政權合理的宣示義，配天的辦法比較嚴格，明堂禮在這方面的限制較
少，仁宗將郊祀移至明堂舉行，兩禮間所應有的分別，因爲合用而沖淡模糊，
這招來了部份大臣的抗議，其中又以王珪、楊畋的意見最具代表性，云：

> 祖一而已，始受命也，宗無與數，待有德也。由宗而下，功德顯著，
> 自可崇廟祧之制，百世不遷，重又無窮。至於對越天地，則神無二
> 主，所以奉上帝之尊，示不敢瀆。至唐垂拱中，始以三祖同配，開
> 元十一年，明皇親享，遂罷同配之禮。伏見皇祐五年詔書，今來南
> 郊三聖並侑，欲且依舊布告中外，咸體至懷，未幾復有並侑之詔，
> 詔雖出孝思，頗違經禮。〔註31〕

三祖同配是以太祖、太宗、眞宗共同配天，其中可以注意的是，皇位經過數
代的傳衍，逐漸地就不需要追尊宣祖來湊合禮數。唐代曾短暫實行過同配之

〔註28〕　〔宋〕李燾，上海師範大學古籍整理研究所、華東師範大學古籍整理研究所
　　　　　點校：《續資治通鑑長編》（北京：中華書局，2004 年 9 月），第 2 冊，頁 589。
〔註29〕　〔宋〕蘇洵等：《太常因革禮》，卷 7，頁 4。
〔註30〕　楊倩描：〈宋代郊祀制度初探〉，《世界宗教研究》1988 年第 4 期（12 月），頁 76。
〔註31〕　〔宋〕蘇洵等：《太常因革禮》，卷 9，頁 4。

制，但這不是唐禮的常規，就連仁宗也說：「特申廣愛，列尊聖以皆侑，對三后之在天。因自孝心，不爲常制。」〔註32〕三聖同侑並非常制，因此在天有災變的情況下，仁宗接受王珪等人的建議。

郊祀祭天有宣示政權秉承天命的政治意涵，在此是「祖一而已，始受命也」，這裏所說的祖，指的是宋太祖，王珪等人的說法代表：太祖的功業並非來自於宣祖的天命，當然是太祖自己就秉承著天命，才能有如此功業，太宗、眞宗的繼承都是來自於此，他們所繼承的天命，都是來自於太祖，在此解釋之下，郊祀祭天不該以太宗、眞宗同配。至於明堂方面，因爲仁宗將兩禮合用，似乎也將政權合理性的宣示意義帶進了明堂禮，錢公輔曾說：

> 夫聖人創業垂統，由一世以傳百世，由百世以傳萬世。若盡循嚴父
> 之說，則各尊其親以配乎天，豈有窮已哉？〔註33〕

這是明堂禮的配天制度，也該如郊祀一般嚴格的代表說法，依照郊祀祭天的禮意，明堂也是「祖一而已，始受命也」，如果將《孝經》的「嚴父」之意，解讀爲追尊生父的禮意，就會有「宗無與數」、「重又無窮」的問題，大失祖宗受命的政治涵義。錢公輔的意見，即是司馬光的看法，不過對於執政者來說，明堂配天不必這般嚴格，王珪於英宗朝論明堂配祀事即云：

> 檢詳唐制，代宗即位，用禮儀使杜鴻漸等議，季秋大享明堂，以考
> 肅宗皇帝配，德宗即位，亦以考代宗皇帝配，王涇《郊祀錄》注云：
> 「即《孝經》周公嚴父之道。」〔註34〕

王珪對明堂禮的說法，完全來自於唐禮，從王珪於仁宗、英宗兩朝所論可知，只要是唐禮常制，就能獲得大眾的認可，唐禮是宋禮制作的標準。王涇對於《孝經》的解讀，自然成爲大眾的標準看法。王涇以《孝經》作爲唐禮的根據，不過《孝經》原文爲「宗祀文王於明堂」，以周公輔政爲前提，若以尊崇父親作爲明堂禮意，成王一朝的明堂禮，應該以武王相配（否則周公將陷入僭越稱王的危機），職是之故，孫抃轉以〈象傳〉爲解：

> 案《易·豫》之說曰：「先王作樂崇德，薦之上帝，以配祖考。」蓋
> 若祖若考，並可配天者也，茲又符於《孝經》之說，亦不可謂安在
> 乎必嚴其父也。祖考皆可配帝，郊與明堂不可同位，亦不可謂嚴祖

〔註32〕 〔宋〕蘇洵等：《太常因革禮》，卷9，頁1上。
〔註33〕 〔宋〕蘇洵等：《太常因革禮》，卷10，頁1下
〔註34〕 〔宋〕蘇洵等：《太常因革禮》，卷9，頁5上。

　　嚴父其義一也。〔註35〕

仁宗雖於明堂行郊祀禮，但這是不得已的辦法，同時也不能因此就把郊祀、明堂當作同樣的禮制。受命之祖之配天義，已於郊祀展現其嚴祖的政治義，宗廟室內的明堂禮意則不應重複。依照「薦之上帝，以配祖考」作解，配天雖然是禮之大義，不過在明堂禮中，父親也可與天相配，唐禮所行之尊父義，有了更為配合的經典根據。

　　簡單說明唐、宋兩代郊祀、明堂禮的發展，關於《孝經》的問題，禮議透露出了三大涵義：一、檢閱唐、宋禮學資料，仍舊可見感生帝的安排（宣祖配感生帝），但整體而言，唐、宋儒者多已不信讖緯、鄭學之感生與感生帝說，即使他們相信君權神授的天命觀，但這種天命的賦予，不必透過感生帝來作為君與天（或是上帝）的中介，讖緯、鄭玄與其闡釋的《孝經》感生帝說，在隋、唐以後逐漸告退。二、宋初施行郊祀、明堂禮，依舊不離《孝經》經文，同時從諸臣辯論可知，唐禮為合禮與否的標準，王涇對於「嚴父配天」的解釋，依舊是明堂禮以父迭次配天的主要依據，但《孝經》的解釋猶有疑慮，學者轉而從其他經典來證明唐禮（也是通禮）的合理性。三、仁宗合用郊祀、明堂禮實出自意外，因兩禮合用所造成的模糊，也在學術的發展之下，逐漸恢復應有的分別，程頤即云：

> 郊祀配天，宗祀配上帝，天與上帝一也。在郊言天，以其冬至生物之始，故祭於圓丘，而配以祖，陶匏稿鞂，埽地而祭。宗祀言上帝，以季秋成物之時，故祭於明堂，而配以父，其禮必以宗廟之禮享之。此義甚彰灼。但《孝經》之文，有可疑處。周公祭祀，當推成王為主人，則當推武王以配上帝，不當言文王配。若文王配，則周公自當祭祀矣。周公必不如此。〔註36〕

程頤不用讖緯與鄭學之五天帝說，「天與上帝一也」，實乃唐儒以來採行王肅的禮學思潮，而郊為始生、明堂為成物，正是兩禮之間的分別。程頤又說：「當推成王為主人，則當推武王以配上帝。」他所認為的明堂禮，是唐禮迭次配天的辦法，同時在周公並無僭越的前提之下，成王朝應以武王相配，更重要的，程頤認為《孝經》不該言「文王」，應言「武王」，乃以唐禮為準，進一步懷疑《孝經》。

〔註35〕　〔宋〕蘇洵等：《太常因革禮》，卷10，頁3下。
〔註36〕　〔宋〕程顥、程頤：《二程集》（臺北：漢京文化事業有限公司，1983年9月），上冊，頁168。

二、《孝經》與新法之衝突

（一）科舉改制的影響

王安石是理學興起之前，最有影響力的學者，這點從當時與後世的討論，即可明瞭。〔註37〕參考徐規與楊天保的建議，王學與新學可以有更仔細的分別，前者有個人的、地域性的特色，後者則是一種官方化的學術，與新法緊密地連結在一起。〔註38〕本項關於《孝經》與新法的討論，著墨於官方化之新學，但新學以王安石學術思想為根柢，故除《三經新義》外，文集的資料也在使用範圍之內，同時以下的討論，更將借助司馬光的觀點，突顯《孝經》與新法之衝突，以此解釋《孝經》的衰落。

教育與理財，是新法的兩大骨幹，〈上仁宗皇帝言事書〉為熙寧變法之要，此書洋洋灑灑，所論不過人才一事，〔註39〕故知王安石雖頗留意理財或是法制之器，士人與官方所用之學術思想，才是王安石最關心的問題。宋初科舉延續唐制，考試制度雖然公平，但對憂心時事的士大夫來說，考試的內容仍不夠理想。以進士科為例，考試依照著詩賦、論、策的程序，分試三場、逐次淘汰，但此先詩賦、後論策的方式，拘於聲病、無益於治，歐陽脩於慶曆新政逐變其

〔註37〕 無論新法的成效如何，王安石建構了一個內聖外王的系統。所謂的內聖，是其心性論與天人之際等成聖的追求，而外王的部份，《周官新義》是最明顯的例子，整體而言，這一個內聖外王的系統，正是道學家所追求的理想。道學要建立自己一套的內聖外王之學，自然要面對搶先一步的新學，這或許是王安石常被道學家批評的原因之一。內聖外王的追求，王安石首先建立系統，又曾被皇帝所採納，因此余英時認為，後世興起的道學（或是理學），可以稱之為「後王安石時代」。另一方面，無論對於王安石的評價如何，新法與新學一直是歷代學者所關注的焦點。見余英時：〈朱子文集序〉，《朱子文集》（臺北：富德文教基金會，1990 年 2 月），序，第 1 冊，頁 18。余氏：《朱熹的歷史世界——宋代士大夫政治文化的研究》（臺北：允晨文化實業股份有限公司，2003 年 6 月），上冊，頁 80。李華瑞：《王安石變法研究史》（北京：人民出版社，2004 年 6 月）。

〔註38〕 徐規、楊天保：〈走出「荊公新學」——對王安石學術演變形態的再勾勒〉，《浙江大學學報（人文社會科學版）》第 35 卷第 1 期（2005 年 1 月），頁 34～36。又見楊天保：《金陵王學研究——王安石早期學術思想的歷史考察（1021——1067）》（上海：上海人民出版社，2008 年 6 月），頁 46～74。按：後文可說是對前文綱要的具體闡發，但大旨即在分析原生的、地緣的、作為王安石個人的、官學化的、特殊時期的、晚年心境等不同層面的學術定位。

〔註39〕 〔宋〕王安石，李之亮箋注：〈上仁宗皇帝言事書〉，《王荊公文集箋注》（成都：巴蜀書社，2005 年 5 月），上冊，頁 21～62。另參考蕭公權：《中國政治思想史》（臺北：聯經出版事業股份有限公司，1982 年 3 月），上冊，頁 490～491。

序，改爲先策論、後詩賦的方法。〔註40〕經過歐陽脩的調整，策論的地位大幅提高，考生對於經史的了解與應用，自然是策論優劣的主要原因。當時考生對於經籍的了解，多以《注》、《疏》爲本，萬言書指出如此弊病：

> 學者之所教，講說章句而已。講說章句，固非古者教人之道也。
> 〔註41〕

〈經局感言〉詩又云：

> 自古能全已不才，豈論騏驥與駑駘。放歸就食情雖適，絡首猶存亦可哀。〔註42〕

「絡首」即是對《注》、《疏》章句之學的批評。〔註43〕李廸與賈邊可能是宋初科舉史上最有名的考生，李廸雖然落韻，但賈邊解《論語》「當仁不讓於師」與《注》、《疏》異，官方認爲後者問題較大，因此錄取李廸，不錄取賈邊。〔註44〕藉由這個著名的例子，《注》、《疏》是考生應用經籍的絕對權威，故王安石視之爲一門僵固人心的學問。

　　《注》、《疏》蘊含了許多讖緯的說法，歐陽脩早已有所批評，〔註45〕王安石又認爲，《注》、《疏》章句以名物訓詁爲要，這與詩賦一樣都無益於治，〔註46〕必須改革使用《注》、《疏》的現況。事實上慶曆新政之後，「絡首」的情況大有改善，《續資治通鑑長編》記：

> （皇祐五年閏七月 A.D.1053）戊子，詔禮部貢院：「自今諸科舉人，終場問大義十道，每道舉科首一兩句爲問，能以本經《注》、《疏》對而加以文辭潤色發明之者爲上，或不指明義理而但引《注》、《疏》備者次之，並爲通；若引《注》、《疏》及六分者爲粗；其不識本義

〔註40〕　參考陳植鍔：《北宋文化史述論》（北京：中國社會科學出版社，1992年3月），頁82～85；96～102。按：根據作者的分析，在逐場去留的淘汰之下，首場是進退去留的關鍵，故歐陽脩的更動實有重大意義。

〔註41〕　〔宋〕王安石，李之亮箋注：〈上仁宗皇帝言事書〉，《王荊公文集箋注》，上冊，頁34。

〔註42〕　〔宋〕王安石，〔宋〕李璧注：《箋註王荊文公詩》（臺北：廣文書局，1950年，影印元大德年間刊本），上冊，卷43，頁4下。

〔註43〕　同上註。

〔註44〕　〔宋〕范鎮，汝沛點校：《東齋記事》（北京：中華書局，1980年2月），頁2。

〔註45〕　參考徐洪興：《思想的轉型——理學發生過程研究》（上海：上海人民出版社，1996年12月），頁74～92；274～281。

〔註46〕　王安石批評當時儒者：「蹈道者則未免離章絕句，解名釋數，遽然自以聖人之術殫此者有焉。」見〔宋〕王安石，李之亮箋注：〈答姚辟書〉，《王荊公文集箋注》，中冊，頁1323。

或連引他經而文意乖戾、章句斷絕者爲下。並以四通爲合格。九經
止問大義，不須《注》、《疏》全備，其九經場數並各減二場，仍不
問兼經。」〔註47〕

考試不再照著《注》、《疏》講，最重要的是能有所發明，司馬光序劉恕《十
國春秋》曾盛讚：

> 皇祐初（A.D.1049），光爲貢院屬官時，有詔士能講解經義者，聽別
> 奏名，應詔者數十人。趙周翰爲侍講，知貢舉，問以《春秋》、《禮
> 記》大義，其中一人（按：即劉恕）所對最精詳，先具《注》、《疏》，
> 次引先儒異說，末以己意論而斷之。〔註48〕

劉恕以《注》、《疏》發端，接著舉出不同的說法互相參照，分析各家的說法
之後，才作出自己的看法。司馬光對劉恕的讚美，同時顯露了自己對於科舉
改制與《注》、《疏》的態度：《注》、《疏》雖然存在缺陷，只要經過適當的補
充與綜合評斷，又適當地開放與調整答題的方式，舊時代的學術仍可適用，
這不影響新學術的發展。司馬光建議：

> （按：《傳家集》記嘉祐六年八月二十一日上 A.D.1061）臣欲乞今
> 後明經所試墨義，止問正文，不問《注》、《疏》，其所試大義，不以
> 明經諸科，但能具《注》、《疏》本意，講解稍詳者爲通；雖不失本
> 意，而講解疎略者爲粗，餘並爲不通。若能先具《注》、《疏》本意，
> 次引諸家雜說，更以己意裁定，援據該贍、義理高遠，雖文辭質直，
> 皆爲優等，與折二通；若不能記《注》、《疏》本意，但以己見穿鑿、
> 不合正道，雖文辭辯給，亦降爲不通。……又舊制明經以《周易》、
> 《尚書》爲小經，今欲乞以《周易》、《尚書》、《毛詩》爲一科，三
> 《禮》爲一科，《春秋》三《傳》爲一科，皆習《孝經》、《論語》爲
> 帖經。〔註49〕

墨義即爲填空題，過去明經科的考試，是在經文《注》、《疏》的某一段挖空，
要求考生填入原文，這測驗考生的記憶力。背誦經籍《注》、《疏》不能經世

〔註47〕 〔宋〕李燾，上海師範大學古籍整理研究所、華東師範大學古籍整理研究所
　　　　 點校：《續資治通鑑長編》，第7冊，頁4225。
〔註48〕 〔宋〕司馬光：〈劉道原十國紀年序〉，《溫國文正司馬公文集》（臺北：臺灣
　　　　 商務印書館，1965年，四部叢刊初編第46冊影印常熟瞿氏藏宋紹興本），卷
　　　　 65，總頁484。
〔註49〕 〔宋〕司馬光：〈論舉選狀〉，《溫國文正司馬公文集》，卷19，總頁200。

致用，明經科因爲記憶力的測驗而被批評，但司馬光認爲默義仍可保留，至少經文是需要記憶的，至於《注》、《疏》則不要求一字不漏的背誦，能用自己的話闡述即可。在司馬光的建議之下，記誦的方式已經不如以前死板，考生也不只是照本宣科，更重要的是能闡發個人意見，言之成理，並有憑有據。

大體而言，司馬光維持了唐代的規模。籠統地把漢、唐學術視爲一體，《孝經》於〈漢志〉的排序意義、與《孝經》在唐代科舉的地位，司馬光論科舉與對《孝經》的重視，是保留前代學術的一種看法。比較司馬光與王安石的主張，司馬光保留《注》、《疏》的使用，王安石則認爲《注》、《疏》不能「猶存」；司馬光調整記憶力的測驗，王安石厭棄類似的測驗；〔註50〕司馬光認爲舊的制度只要稍加微調，就可以適用於新的環境，王安石則要求大幅度的改革，最後神宗依照王安石的辦法：

> 古之取士，皆本於學校，故道德一於上，習俗成於下，其人材皆足以有爲於世。……明經及諸科欲行廢罷，取元解明經人數增解進士，及更俟一次科場，不許諸科新人應舉，漸令改習進士……。今定貢舉新制，進士罷詩賦、帖經、墨義，各占治《詩》、《書》、《易》、《周禮》、《禮記》一經，兼以《論語》、《孟子》。每試四場，初本經，次兼經，並大義十道，務通義理，不須盡用《注》、《疏》。〔註51〕

關於本文的議題，王安石的政策有兩大影響：一、王安石取材以學校教育爲主，學校教育的目標在於「道德一於上，習俗成於下」，王安石又說「不須盡用《注》、《疏》」，乍看之下，這似乎是不提倡也不屏棄的中立態度，但王安石隨立《新義》以供程式，對於司馬光等反對者來說，《注》、《疏》之學並非原罪，規定標準答案才是僵固人心的主因，新法中的新學與標準答案沒有什麼不同，只不過把《注》、《疏》換成王安石的新經義，〔註52〕同時在新學官方化的過程之下，《孝經》是被摒棄的、舊的學術氛圍，它不再是官方學術的必讀書籍，《孝經》失去利祿之途的誘因。

二、在唐代的考試制度中，無論大、中、小經如何搭配，《孝經》、《論

〔註50〕　王安石云：「策經學者，徒以記問爲能，不責大義，類皆蒙鄙者能之。」見〔宋〕王安石，李之亮箋注：〈取材〉，《王荊公文集箋注》，中冊，頁1109。

〔註51〕　〔宋〕李燾，上海師範大學古籍整理研究所、華東師範大學古籍整理研究所點校：《續資治通鑑長編》，第9冊，頁5334。

〔註52〕　參考夏長樸：〈一道德以同風俗──王安石新學的歷史定位及其相關問題〉，《中國經學》第3輯（2008年4月），頁134～136。

語》皆需兼習，《孝經》、《論語》的搭配，司馬光是全盤繼承。在改革皇族
或大臣等資蔭人進用制度的討論裏，司馬光屢屢強調：資蔭人至少要通過《孝
經》與《論語》的測驗，比較《孝經》與《論語》的份量，《孝經》可說是
學問的底線。〔註53〕王安石以《孟子》替換《孝經》，製造出新的官學體系，
《孝經》不僅失去利祿之途的誘因，也失去了與《論語》一同作爲儒學的基
礎地位，北宋後期的晁說之即有如斯的感慨：

> 今國家五十年來，于孔子之道，二而不一矣。其義說既歸之于老、
> 莊，而設科以《孟子》配六經，其視古之黜百家而專明孔氏六經，
> 不亦異乎？前者學官罷黜孔子《春秋》，而表章偽雜之《周禮》；以
> 孟子配孔子，而學者發言折中于《孟子》，而略乎《論語》，固可歎
> 矣。〔註54〕

> 黜《春秋》而尊尚偽《周禮》，棄《孝經》而以《孟子》配《論語》，
> 幾何不使文武之道墜地也耶。〔註55〕

晁說之將《孝經》的沒落，直接歸咎於王安石的科舉改革，明儒的判斷濫觴
於此。晁說之又說「《春秋》、《孝經》則絕而不言，未爲知本者」、〔註56〕
「儒生持子書而不讀《孝經》，可勝道哉！可勝道哉」，〔註57〕這個感慨是
十分強烈，「絕而不言」、「持子書而不讀《孝經》」，正是《孝經》地位衰落
之明證。另一方面，從晁說之語可知，《孝經》除了不再是利祿之途、不再
是儒學的基礎，《孝經》也失去了帝王學的地位，《孝經》的殘存意義，就是
一本幼兒啓蒙的小書，《孝經》眞正成爲一本「小學」書籍了，〔註58〕宋高
宗說《孝經》「十八章，世以爲童蒙之書」，〔註59〕正是《孝經》價值的退
縮與轉變。

〔註53〕 〔宋〕司馬光：〈選人試經義劄子〉、〈再乞資蔭人試經義劄子〉，《溫國文正司
馬公文集》，卷35，總頁292；卷41，總頁329。

〔註54〕 〔宋〕晁說之：〈奏審覆皇太子所讀孝經論語爾雅劄子〉，《嵩山文集》（臺北：
臺灣商務印書館，1966年，四部叢刊續編集部第121～122冊影印上海涵芬樓
藏南宋乾道三年抄本），卷3，頁46下～47上。

〔註55〕 〔宋〕晁說之：〈荅勾龍壽南先輩書〉，《嵩山文集》，卷15，頁11下～12上。

〔註56〕 〔宋〕晁說之：《儒言·知本》，《嵩山文集》，卷13，頁15下。

〔註57〕 〔宋〕晁說之：〈送屈用誠序〉，《嵩山文集》，卷17，頁38上。

〔註58〕 參考呂妙芬：〈做爲蒙學與女教讀本的《孝經》——兼論其文本地位的歷史變
化〉，《臺大歷史學報》第41期（2008年6月），頁34～35。

〔註59〕 苗書梅等點校：《宋會要輯稿·崇儒》（開封：河南大學出版社，2001年9月），
頁345。

（二）試探王安石不用《孝經》之因

比較新舊取士之法，過去所採納的經籍，有部份不在新法的架構之內，依循本文的主題，以下嘗試針對王安石不採《孝經》的原因，提出可能性的解釋。相對《春秋》的情況，看不出王安石對《孝經》曾有何批評，探討王安石不用《孝經》的原因，必須先從王安石採取《論》、《孟》的理由來推論。

王安石擔心章句傳注的《注》、《疏》舊學，掩蓋了孔、孟原本的「妙道至言」，〔註60〕王安石認爲：「夫聖人之術，修其身，治天下國家，在於安危治亂，不在章句名數焉而已。」〔註61〕名物訓詁等傳注之學會使人有「溺心」的毛病，這妨礙了學者對於道德心性的探求。〔註62〕王安石心目中的經術，是修身以至於治天下的一套學問，而詩賦的聲律，與《注》、《疏》的訓詁，無法負擔起國家治亂的責任。其子王雱說：

> 竊嘗考《論語》、《孟子》之終篇，皆稱堯、舜、禹、湯聖人之事業，
> 蓋以爲舉是書而加之政，則其效可以爲比也。〔註63〕

王雱此言正是《論語》、《孟子》作爲爲兼經的原因。在新學的體系之中，《論語》、《孟子》代表儒家學術的妙道至言，所謂妙道至言，是一門心性之學，更重要的，此妙道至言蘊含堯、舜先王事業的道理，這是一套修身治平的聖人之學。《孝經》首章說「立身行道」，又說「先王有至德要道，以順天下」，這其實就是一種修身治平的說法，所謂明王孝治天下，也是法先王的提倡，《孝經》勉強符合王安石等人的標準，但或許在妙道至言的哲學深度上，《孝經》不如《論語》、《孟子》。

王安石認爲孟子的性善說，是眞正的道德性命之理，〔註64〕平心而言，無論是篇幅還是思想內容，《孟子》都勝過《孝經》，同時《論》、《孟》也多講孝德，概括了教導孝德的功能性，雖然不能保證新法能有效提昇學生的道德修養與治國能力，但至少以《孟子》替換《孝經》，有助於知識的提昇。至於王安石的個人想法，他並沒有忽略《孝經》的事實，《郡齋讀書志》有「王介甫《孝經解》一卷」，王安石有專門的作品，不過晁公武痛批王安石

〔註60〕　〔宋〕王安石，李之亮箋注：〈謝除左僕射表〉，《王荊公文集箋注》，中冊，頁777。
〔註61〕　〔宋〕王安石，李之亮箋注：〈答姚辟書〉，《王荊公文集箋注》，中冊，頁1323。
〔註62〕　同註58。
〔註63〕　引自明·焦竑輯：《老子翼》（臺北：藝文印書館，1970年，百部叢書集成第1171冊影印光緒袁昶漸西村舍彙刊本），卷6，頁39上。
〔註64〕　〔宋〕王安石，李之亮箋注：〈楊孟〉，《王荊公文集箋注》，中冊，頁979～978。

的《孝經》學：

> 右皇朝王安石介甫撰。經云「當不義，則子不可不諍於父」，而孟子猥云父子之間不責善，夫豈然哉！今介甫因謂當不義則諍之，非責善也。噫，不爲不義，即善也。阿其所好，以巧慧侮聖人之言至此，君子疾夫佞者，有以也。〔註65〕

晁公武的看法大概是受到了家學的影響，今題《晁氏客語》有：

> 「君之視臣如土芥，則臣事君如國人」，此爲君而言也，非爲臣者所以責君。「父子之間不責善」，此爲父而言也，非爲子者所以責父。
>
> 〔註66〕

《客語》可能不是一人一時的作品，不過觀察此條資料之分布，這條資料前後多是當時人語，仍可視爲晁說之或同時代人的紀錄。〔註67〕不論傳統對於《孝經》所賦予的種種價值，《孟子》替換《孝經》有提昇教育的合理性，但晁說之繼續追問：之前並沒有孔、孟相提的說法，更重要的，孟子不尊王的態度，似乎與孔子不同，這是疑孟者的主要疑慮。〔註68〕依照《客語》的解釋，「父子之間不責善」，指的是父對子的單向關係，其中所顯露的態度，正是晁氏所強調的，維持君臣父子的關係。晁氏認爲，孟子的責善說，是父對子不責善，上位者有責備屬下的權力，但因情感上的考量，父對子不責善，相反過來，子對父則談不上責不責善的問題，因爲屬下本來就不能責備上位者，這與南朝蕭氏所強調的「敬」，實有同樣的考量。姑且不論上下單向的責善說，是否符合孟子原意，《孝經》所蘊含的諫諍思想，其實有下對上的要求，王安石說「當不義則諍之」，符合《孝經》原意。

王安石類比孟子的責善與《孝經》的諫諍，並且進一步分析：下對上或許不必有責善的要求，但上位者已達到不義的程度，臣子要有所諫諍。不過，這番分析，晁公武認爲王安石只是「阿其所好」，不論此說是否公允，王安石

〔註65〕 〔宋〕晁公武，孫猛校證：《郡齋讀書志校證》（上海：上海古籍出版社，1990年10月），上冊，頁127。

〔註66〕 〔宋〕晁說之：《晁氏客語》（臺北：藝文印書館，1965年，百部叢書集成第7冊影印宋咸淳年間百川學海本），頁9下。

〔註67〕 參考夏長樸：〈晁說之與《晁氏客語》的關係〉，《國立編譯館館刊》第29卷1期（2000年6月），頁160。

〔註68〕 〔宋〕晁說之：《儒言‧孔孟》、〈辯誣〉，《嵩山文集》，卷13，頁19下～20上；卷14，頁6。另參考黃俊傑：〈宋儒對孟子政治思想的爭辯及其蘊含的問題〉，收入《孟學思想史論》（臺北：中央研究院中國文哲研究所，2006年12月），頁161～177。

的說法仍有一定的價值。《孟子》「父子之間不責善。責善則離，離則不祥莫大焉」，朱熹注云：

> 王氏曰：「父有爭子，何也？所謂爭者，非責善也，當不義則爭之而已矣。」「父之於子也如何？」曰：「當不義，則亦戒之而已矣。」
> 〔註69〕

大槻信良標此爲王勉之說，〔註70〕此涉《孟子集注》前引王勉而誤；《論語集注》引「王氏」云云，即指王安石，《孟子集注》理應相同，《困學紀聞》記：

> 當不義，則子不可不爭於父。孟子云「父子之間不責善」，荊公謂「當不義則爭之，非責善也」，子止《讀書志》乃謂「介甫阿其好」。蓋子止守景迂之學，以孟子爲疑，非篤論也。朱文公於《孟子集註》取荊公之說。〔註71〕

王應麟慕朱子學，又近朱熹時代，《困學紀聞》應屬可信。從朱熹的引述可知，他採用了王安石的說法，不過朱熹略加修改，語氣態度較爲緩和。再以司馬光論之，英宗朝兩宮不合時，溫公即以孟子責善義希望「皇太后無忘孟子之戒」，〔註72〕早期司馬光接受孟子的看法，但後期又轉變爲疑孟的態度：

> 經云：「當不義，則子不可不爭於父。」《傳》云（筆者按：《左傳》隱公三年）：「愛子，教以義方。」孟子云：「父子之間不責善。」是不諫不教也，而可乎？〔註73〕

就孟子責善的接受，溫公前後有變。細讀司馬光的批評，溫公以《孝經》作爲疑孟的根據，不過這段懷疑，正是荊公綜合孟子責善與《孝經》諫諍義的大旨，只不過王安石沒有懷疑的態度而已。對照溫公、荊公的相關詮釋，兩

〔註69〕　〔宋〕朱熹：《四書章句集注》（臺北：大安出版社，1999年12月），頁398。

〔註70〕　〔日〕大槻信良：《朱子四書集註典據考》（臺北：臺灣學生書局，1976年4月），頁447。

〔註71〕　〔宋〕王應麟撰，〔清〕翁元圻注：《翁注困學紀聞》（臺北：臺灣商務印書館，1956年4月，國學基本叢書第1集第14種），第9冊，頁692～693。

〔註72〕　原文爲：「皇帝聖體平寧之時，奉事皇太后，承順顏色，宜無不如禮。若藥石未效，而定省溫清，有不能周備者，亦皇太后所宜容也。孔子曰：『孝哉，閔子騫，人不間於其父母昆弟之言。』蓋言誠信純至，表裏著明，而它人不能間也；孟子曰『父子責善，賊恩之大者』也，蓋言骨肉至親，止當以恩意相厚，不當較錙銖之是非也。臣愚，伏望皇帝常思孔子之言，皇太后無忘孟子之戒。」見〔宋〕司馬光：〈上兩宮疏〉，《溫國文正司馬公文集》，卷26，總頁240。

〔註73〕　〔宋〕司馬光：〈疑孟·公孫丑曰君子之不教子何也孟子曰父子之間不責善責善則離離則不祥莫大焉〉，《溫國文正司馬公文集》，卷73，總頁531。

人意識型態不同，但內容無太大差異，都是講求《孝經》下對上的諫諍涵義。

新經義中，王安石於《周禮》著墨最深，春官大司樂職，王安石解道：

> 孔子曰：「聖人之德，又何以加於孝乎？」……聖人之德，無以加於
> 孝，而孝與聖何以異？曰：聖人之於人道也，孝而已；聖人之於天
> 道，則孝不足以言之。此孝與聖所以異。聖人之德，無以加於孝，
> 而孝於三德爲下，則三德之孝，以知逆惡而已。〔註74〕

王安石以《孝經》釋《周禮》三德義。漢初以降，皇朝多以孝德自居，由此
可見孝德的重要性。楊時批評王安石曾引述《詩經新義》，新經義云：

> 人之行，莫大於孝。此乃人道，未至於天道。〔註75〕

此亦用《孝經》語，不過新學的體系中，孝乃人道之事，「未至於天道」，王
安石強調孝／聖之別，又說「孝於三德爲下」，孝「以知逆惡而已」，此「爲
下」、「而已」之語，使人有荊公不重孝與《孝經》的印象。〔註76〕

據章獻明肅太后所開出的教育規模，《孝經》仍是帝王學的重要內容，這
有尊守祖宗之法的宣示。變法之初，朝廷流傳王安石有三不足說，司馬光在
翰林學士院即以此出題；〔註77〕三不足中，以祖宗不足法最爲重要，這是新
法改革的思想前提，〔註78〕這雖然是一椿歷史公案，但關於祖宗不足法，王

〔註74〕 〔宋〕王安石：《周官新義》（臺北：臺灣商務印書館，1975 年，四庫全書珍
本別輯第 26 冊），卷 10，頁 2。

〔註75〕 引自〔宋〕李樗、黃櫄：《毛詩集解》（臺北：漢京文化事業有限公司，1985
年，通志堂經解第 16 冊），卷 25，頁 25 上。

〔註76〕 李祥俊：《王安石學術思想研究》（北京：北京師範大學出版社，2000 年 11
月），頁 94～96。

〔註77〕 題幹論到：「今之論者或曰：『……祖宗之法未必盡善，可革則革，不足循守。……』
願聞所以辨之。」此明顯針對祖宗之法不足守與王安石變法而來。見〔宋〕司
馬光：〈學士院試李清臣等策目〉，《溫國文正司馬公文集》，卷 72，總頁 526。

〔註78〕 早在仁宗朝時，王安石就對時政感到不滿，特別是對契丹、遼、西夏等外交
政策。在王安石的政論之中，有許多關於前代施政的檢討，他甚至追究太宗、
眞宗的責任。在北宋先王中，王安石對宋太祖的批評雖然較少，但新法實與
太祖的施政大相違背：第一，王安石將財政權集中於相權，又企圖收攬軍權，
此與太祖分相權的用意不同。第二，王安石的保甲法，亦與太祖的募兵制不
同。第三，王安石反對中央統御的戰術決策，戰爭時，中央應賦予前線全權。
綜言之，「祖宗之法不足守」不是一句空泛的政治口號，在許多層面都可看見
新法與祖宗家法的衝突。參考鄧廣銘：《北宋政治改革家王安石》（北京：生
活‧讀書‧新知三聯書局，2007 年 3 月），頁 101～105。鄧氏〈宋朝的家法
和北宋的政治改革運動〉，收入《鄧廣銘治史叢稿》（北京：北京大學出版社，
1997 年 3 月），頁 136、139～143。

安石曾大方表示贊同，〔註79〕不過王安石主張的祖宗之法不足守，是否即忽略祖宗的意思，或許可進一步的討論。

英宗朝議禧祖遷廟事，王安石以為禧祖不可遷，並云「萬物本乎天，人本乎祖」、「子孫雖齊聖有功，不得以加其祖考，天下萬世之通道也」，〔註80〕祭祖追孝乃為大事，王安石絕無詆毀或是輕忽祖宗的意思，〈郊宗議〉云：

> 問：「郊祀后稷以配天，宗祀文王於明堂以配上帝，二者皆配天也。或於郊之圓丘，或於國之明堂；或以冬之日至，或以季秋之月；或以祖，或以禰；或曰配天，或曰配上帝：其義何也？」
>
> 對曰：「天道升降於四時。其降也，與人道交；其升也，與人道辨。冬日上天與人道辨之時也，先王於是乎以天道事之；秋則猶未辨乎人也，先王於是乎以人道事之。以天道事之，則宜遠人，宜以自然，故於郊、於圓丘；以人道事之，則宜近人，宜以人為，故於國、於明堂。始而生之者，天道也；成而終之者，人道也。〔註81〕

此正是王安石對於《孝經》的解釋。據王安石所析，道分為天道與人道，一般人所說的孝德，只強調孝的順從涵義，只能是人道的展現，但祖宗追孝之大事，不能限於人道，要有更高層次的展現，郊祀祭天與祖宗相配，正是貫徹天道的禮意。王安石雖然分別人道、天道，但兩者之間有溝通的可能：

> 「夫天與人異道也，天神以人事之，何也？」
>
> 曰：「所謂天者，果異於人邪？所謂人者，果異於天邪？故先王之於人鬼也，或以天道事之，『蕭合黍黍，臭陽達於牆屋』者，以天道事之也。嗚呼！天人之不相異，非知神之所為，其孰能與於此？〔註82〕

在自然的運行中，天道有所升降，天人之間有交會可能，同時「天人之不相異」，人有體會天人之際的可能性，此天人之際的體會，正是王安石所追求的成聖境界。在此詮釋之下，孝德雖屬人道，但王安石並沒有屏棄的意思，相

〔註79〕楊仲良曾記王安石對於司馬光以三不足說出題的回應：「至於祖宗之法不足守，則固當如此。且仁宗在位四十年，凡數次修勅，若法一定，子孫當世世守之，則祖宗何故屢自變改？」見〔宋〕楊仲良：《資治通鑑長編記事本末》（臺北：文海出版社，1967年，宋史資料粹編第二輯影印光緒廣雅書局本），第4冊，卷59，頁10下。

〔註80〕〔宋〕王安石，李之亮箋注：〈廟議箚子〉，《王荊公文集箋注》，上冊，頁157。

〔註81〕〔宋〕王安石，李之亮箋注：〈郊宗議〉，《王荊公文集箋注》，上冊，頁157。

〔註82〕同上註。

反地，必須透過孝這人道的溝通，才有可能體會郊祀祭天的天道禮意。

分析王安石的說法，孝德雖屬人倫之人道，但要達成天道的成聖境界，有賴於孝德等人道的根柢；對照祖宗不足守的說法，太祖功業雖大，但仍舊處於人道的基礎，王安石追尊禧祖，正期許繼體之君改進，無論是個人修養的成聖境界，抑或是治天下之堯、舜事業，王安石都希望能更進一步，這是他的主要看法。依據禮議顯露的觀念，王安石並沒有忽視祖宗、或是輕詆天帝的意思，只是表達仍有一個天道的理想，尚待人君的追求，既有的祖宗功業可以更進一步，以達天人之際的境界，王安石並無詆毀天與祖的意思，因此，王安石在面對輿論時，能夠坦然面對。

新經義說孝與《孝經》為三德之下或是人道，不宜視為詆毀，只能說是人道的層面還不夠好，尚有更高層次的理想。不過，祖宗之法作為《孝經》的政治宣示義，變法與反對派之間，王安石給人忽視孝與《孝經》的印象，正巧與司馬光強調《孝經》的特色，有著一百八十度的對比。教育、理財是新法的兩大主軸，司馬光屢屢以祖宗之法的名義，力阻新法的推行，〔註83〕事實上司馬光很早就有如此的理財觀，他於仁宗晚年〈進五規狀・保業〉就說：

> 夫繼體之君，群雄已服，眾心已定，上下之分明，彊弱之勢殊，則
> 中人之性，皆以為子孫萬世，如泰山之不可搖也，於是有驕墮之心
> 生。驕者，玩兵黷武，窮泰極侈，神怒不恤，民怨不知，一旦渙然，
> 四方糜潰，秦、隋之季是也。〔註84〕

「保業」是的司馬光理財思想的核心，這完全來自於《孝經》：「在上不驕，高而不危；制節謹度，滿而不溢。高而不危，所以長守貴也；滿而不溢，所以長守富也。富貴不離其身，然後能保其社稷。」若把國家組織當作《孝經》說的「在上不驕」，商業與一般民間活動就是「下」，上不驕溢是「制節」的態度，賦稅是滿足國家「上」的開銷，故國家對於民間當然不應該收取過多的財富，否則會「驕墮之心生」、甚至是「玩兵黷武」，國家之上的驕溢，將導致整體的敗壞。而王安石也說「節」，但不同於《孝經》的制節，王安石認為「民富，然後財賄可得而斂」，國家有收取徵稅的權利，只要「均節財用，則所以為義」，〔註85〕重點在於租稅與使用上的合理，他強調《周禮》的「均

〔註83〕〔宋〕司馬光：〈論財利疏〉、〈乞罷條例司常平使疏〉，《溫國文正司馬公文集》，
卷23，總頁224；卷41，總頁331～334。

〔註84〕〔宋〕司馬光：〈進五規狀〉，《溫國文正司馬公文集》，卷18，總頁194。

〔註85〕以上見〔宋〕王安石：《周官新義》（臺北：臺灣商務印書館，1975年，四庫

節」，單方面的節儉是無用的，更重要的是建立一套合理的租稅制度與理財規劃，更要以國家的角度來宏觀調整。〔註86〕綜合以上所言，王安石雖然沒有詆毀《孝經》的意思，但《孝經》作爲祖宗之法的表現，實與新法的原則互相牴觸，特別是反對派引申《孝經》的理財觀念，正與新法的另一個核心互相衝突，王安石雖從未明言不用《孝經》的理由，但理財觀念之衝突，或許是新法不用《孝經》的主要原因。

第二節　朱熹《刊誤》的成因與特色

一、學術背景的影響

自新法以後，學者研究《孝經》之風氣，明顯不如漢、唐甚至是仁宗朝的規模，范祖禹雖以《孝經》侍講，但從晁說之的感嘆可知，范祖禹事僅曇花一現，同時在理性懷疑的思考下，漢末以來的神秘感應、災禍符應之事，正逐漸的從《孝經》、甚至是禮議的討論中剔除，《孝經》不再有漢、唐時期的地位。

晁說之有司馬光的學術淵源，〔註87〕又活動於黨爭傾軋的徽、欽時期，比起司馬光、范祖禹兩人，晁說之提倡《孝經》更有政治上的敏感；胡寅未爲生母服三年喪而飽受輿論批評，〔註88〕《孝經》雖非胡寅貶至新州的主要原因，但胡寅對《孝經》的懷疑，正巧與秦檜相互對立。關於《孝經》，晁說之、胡寅的態度雖然不同，但兩人都涉及了與《孝經》相關的政治問題。再以《孝經》所涉及的政治涵義論之，南宋初期有更複雜的學術背景與政治情勢，一方面有新法以來，忽視《孝經》的主流意見，一方面有奉司馬光爲圭臬的士大夫群體，在南宋的環境中，《孝經》是否脫離衰落的逆境，這是首先要辨析的問題。

胡寅與陸九淵都曾以《孝經》入題，胡寅〈零陵郡學策問〉云：

全書珍本別輯第 26 冊），卷 1，頁 37 上。

〔註86〕參考侯家駒：《周禮研究》（臺北：聯經出版事業有限公司，1987 年 6 月），頁196～208、215～229、232。彭林：《周禮主體思想與成書年代研究》（北京：中國社會科學出版社，1991 年 6 月），頁 152～157。

〔註87〕清：黃宗羲、全祖望，陳金生、梁運華點校：《宋元學案》（北京：中華書局，1986 年 12 月），第 2 冊，頁 860～862。

〔註88〕〔宋〕李心傳：《建炎以來繫年要錄》，第 8 冊，卷 161，頁 7 上。

> 問：事莫大乎祀，祀莫重于天，周監於二代，其文備而可考矣，惟
> 明堂之禮，學者疑焉。《孝經》載仲尼答曾子之言曰：「昔者周公，
> 宗祀文王於明堂，以配上帝。」而〈周頌・我將〉則其詩也。然以
> 其禮屬之周公歟！是嚴父也；嚴父則武王所當爲，周公事武王時，
> 未嘗攝政，胡爲而嚴父？以其禮在攝政之時歟！是攝成王也；攝成
> 王則武王乃當祭，而文王爲祖矣，禮未聞嚴祖。其曰「周公其人也」，
> 又考之戴《記》，則明堂者乃周公負斧扆、朝諸侯之地也；考之孟子，
> 則明堂者乃王者之堂，行王政之所也，皆不及宗祀之事，是皆可疑
> 者，幸辨明之。〔註89〕

陸九淵〈策問〉提到：

> 問：異端之說，自周以前，不見於於傳記。後世所同信其爲夫子之
> 言而無疑者，惟《春秋》、《十翼》、《論語》、《孝經》與《戴記・中
> 庸》、〈大學〉等篇。〔註90〕

陸九淵說《十翼》、《孝經》等書是「後世所同信其爲夫子之言而無疑者」，暫且
不論《孝經》，自歐陽脩《易童子問》後，懷疑《十翼》已蔚爲風潮，〔註91〕
《十翼》絕非學者同信而無疑者。再比較兩人之題旨，陸九淵考的是辨析異端，
〔註92〕《孝經》並非題旨，胡寅則以辨疑《孝經》爲題，這雖然有其學說的個
人特色，但從題目的敘述可知，嚴父嚴祖的禮議、《孝經》與周公攝政之間的衝
突，考生所要回答的方向，正是程頤對於《孝經》的懷疑與討論。參考司馬光
以三不足爲題的狀況，考官提出的問題，必有相當程度的流行，除了胡寅、程
迥、汪應辰與朱熹等人，抱持類似看法的學者應該不少，胡寅的出題，應可視
爲學術風氣的反映。

　　將《孝經刊誤》至於新法以來的發展脈絡，朱熹懷疑《孝經》的態度，
正是《孝經》衰落的具體展現，箇中的關鍵，就是朱熹接受了胡寅的說法。

〔註89〕　〔宋〕胡寅：〈零陵郡學策問〉，《斐然集》（臺北：臺灣商務印書館，1969 年，
　　　　　四庫全書珍本初集第 292 冊），卷 29，頁 12。

〔註90〕　〔宋〕陸九淵，鍾哲點校：《陸九淵集》（北京：中華書局，1980 年 1 月），頁
　　　　　288。

〔註91〕　〔宋〕司馬光：〈論風俗箚子〉，《溫國文正司馬公文集》，卷 45，總頁 351～352。

〔註92〕　陸九淵認爲，孔、孟之世，老學未盛，佛學未傳，所謂「異端」者，乃孔門
　　　　　後學對於孔子所傳的堯、舜之道產生了偏差。象山此問，類似韓非〈顯學〉
　　　　　篇所謂儒分爲八之說，希望考生從儒門分系之內，討論孔門的眞傳。見〈語
　　　　　錄上〉，《陸九淵集》，頁 402。

少年期間，朱熹就欽慕胡寅，〔註93〕甚至抄寫胡寅的作品，〔註94〕《論語集注》隨處可見胡寅說法的徵引，茲舉與此相關者：（1）胡寅認爲《論語》乃孔門弟子之紀錄，並針對各篇分析，如以〈公冶長〉篇爲子貢之徒所記，〈里仁〉篇「一以貫之」章以下爲曾子門人所記，〈先進〉篇爲閔子騫之學，〈憲問〉則爲原憲，〔註95〕朱熹繼承胡寅關於文獻作者的說法。（2）〈雍也〉篇之「子桑伯子」、「孟之反」，胡寅以爲即《莊子》之子桑戶與孟子反，〔註96〕朱熹採用胡寅的考證。（3）《論語》兩見「子曰三年無改」事，朱熹接受胡寅對溢篇的解說；〔註97〕「宰予晝寢」章有兩「子曰」，朱熹引胡寅說：「『子曰』疑衍文，不然，則非一日之言也。」朱熹接受胡寅懷疑部份「子曰」的說法；〔註98〕「齊景公有馬千駟」章，朱熹採納胡寅錯簡的綴合。〔註99〕概言之，朱熹相信胡寅的考證判斷，故接受胡寅懷疑《孝經》的說法，也是接受其考證判斷的一種表現。朱彝尊說：

> 自漢以來，說經家鮮有移易經文片言者，移之，自二程子〈大學〉始也。自漢以來，注疏家莫能刪削經文隻字者，刪之，自朱子《孝經刊誤》始也。〔註100〕

事實上，朱熹對《孝經》經傳的區分，也受到了二程〈大學〉分經傳的影響，〔註101〕故從朱熹接受胡寅之說可知，《孝經刊誤》是學術風氣影響之下的產物。上節關於《孝經》衰落的討論，間接回答了朱熹《刊誤》的外在成因。

〔註93〕朱熹追憶：「胡致堂議論英發，人物偉然。向嘗侍之坐，見其數盃後，歌孔明〈出師表〉，誦張才叔〈自靖人自獻於先王義〉、陳了翁〈奏狀〉等，可謂豪傑之士也！」見〔宋〕黎靖德編，王星賢點校：《朱子語類》，第 7 冊，頁 2581。

〔註94〕《語類》記：「胡侍郎萬言書，好令後生讀，先生舊親寫一冊。」見〔宋〕黎靖德編，王星賢點校：《朱子語類》，第 8 冊，頁 3315。

〔註95〕〔宋〕朱熹：《四書章句集注》，〈公冶長〉、〈里仁〉、〈先進〉、〈憲問〉，頁 101、99、169、206。

〔註96〕〔宋〕朱熹：《四書章句集注》，〈雍也〉，頁 112、118。

〔註97〕〔宋〕朱熹：《四書章句集注》，〈里仁〉，頁 98。

〔註98〕〔宋〕朱熹：《四書章句集注》，〈公冶長〉，頁 105。

〔註99〕〔宋〕朱熹：《四書章句集注》，〈季氏〉，頁 243。

〔註100〕〔清〕朱彝尊，張廣慶、馮曉庭、許維萍、游均晶點校：《點校補正經義考》（臺北：中央研究院中國文哲研究所籌備處，1998 年 4 月），第 7 冊，頁 24。

〔註101〕參考李紀祥：《兩宋以來大學改本之研究》（臺北：臺灣學生書局，1988 年 8 月），頁 59～75。

二、朱熹讀書法與《刊誤》的關係

（一）本意上的不合

朱熹的《孝經刊誤》是懷疑改經之風的進一步表現，至於陸九淵篤信《孝經》的態度，似乎有家庭環境的影響。趙藩稱魏辰州「傳家刻《孝經》」；袁燮說兩宋之際的高開「嘗親筆之，以授其孫」，南宋以後崇尚《孝經》之學者，多以家學的型態出現，〔註102〕其中尤可注意兩宋之際的孫介。《孝經》是司馬光的學術要點，新法以後，專研《孝經》又無益於仕，世人學習《孝經》的動機便大打折扣，但是孫介「慕司馬溫公」，又「不事科舉」，〔註103〕雖因與時風不合而難應科舉，不過孫介不以爲意，同時《孝經》有益於家族觀念的培養，《孝經》成爲地方家學的主要內容。江西陸氏在南宋雖有家道中落的現象，但相較朱熹年少時期的顛簸，陸九淵生在安穩的大家族中，家族社群之間有緊密的連結，地方上更有相當程度的影響力，特別是彼此之間的經濟援助。〔註104〕陸氏不尚科舉程式，〔註105〕陸九淵的求學過程中，也沒有影響深遠的外來教師，學問來自於家庭的培育。〔註106〕就在家族穩定的經濟之下，陸九淵不必迎合懷疑《孝經》的風氣，相反的，陸九淵更以積極的眼光看待《孝經》，發揮《孝經》的正面涵義，作爲應試的主要內容（詳後）。

〔註102〕見〔宋〕趙藩：〈魏辰州生日〉，《淳熙稿》（臺北：臺灣商務印書館，1975年，文淵閣四庫全書第1155冊），卷12，頁11上。〔宋〕袁燮：〈跋高公所書孝經〉，《絜齋集》（臺北：臺灣商務印書館，1975年，文淵閣四庫全書第1157冊），卷8，頁8下。按：趙藩、魏辰州與朱熹爲同時代人，並非兩宋之際的人物，不過作爲傳家的《孝經》應可上溯至兩宋之際。

〔註103〕〔宋〕沈煥：〈承奉郎孫君行狀〉，附錄於〔宋〕孫應時：《燭湖集》（臺北：臺灣商務印書館，1975年，文淵閣四庫全書第1166冊），附編卷下，頁4下、2上。

〔註104〕陸氏家族曾有地方軍隊的領導權，又著力於地方經濟事務，例如自辦社倉等。雖然陸氏仍以家族利益爲優先，但陸家負擔了部份社會救濟責任。韓明士認爲，這種重視家族的型態，使得陸九淵不太注意書院或是討論政府對於地方上的建設，因爲良好的家族制度，自然能有這方面的責任。參考美・韓明士，吳豔紅譯：〈陸九淵，書院與鄉村社會問題〉，《宋代思想史論》（北京：社會科學文獻出版社，2003年12月），頁445～470。美・田浩：《朱熹的思維世界》（臺北：允晨文化實業股份有限公司，2008年3月），頁289～293。

〔註105〕《陸氏家制》云：「有國者設科取士，其始也，投名自薦；其終也，糊名考校，禮義廉恥，絕滅盡矣。學校之養士，非養之也，賊夫人之子也；父母之教子，非教之也，是驅而入爭奪傾險之域也。」見〔宋〕陸九韶：《陸氏家制》（上海：上海古籍出版社，1995年，續修四庫全書第935冊影印清初刻本），頁1。

〔註106〕美・田浩：《朱熹的思維世界》，頁293。

　　朱熹年少時期的環境雖然艱苦，但在隨父入京與寄人籬下之中，親見了不少具有影響力的人物，閱歷見識勢必有別於同儕；相對於此，陸九淵穩定且不汲汲營營於舉業的家學，提供了相對自主的環境。陸九淵說：「因讀《孟子》而自得於心」，當然《孟子》是新法以降的主流，善讀書者也必能有自己的心得，但與朱熹強調的道統不同。略閱全集可知，陸九淵非常強調自得的重要，甚至指責朱熹缺乏這種領會。〔註107〕朱熹則相當厭惡此等自得之說，他批評潘景憲入禪，提到：

　　　　立說過高，立心太迫，不肯相聚討論，只欲閉門劇讀，以必其自得。
　　　　故人自爲學而不免蔽於一己之私見。〔註108〕

朱熹對於潘景憲的批評，雖非針對陸學，但「閉門劇讀，以必其自得」的毛病，正是陸九淵喜以自稱的學術特色，朱熹會稱陸學爲禪，不重視讀書與強調心得，是朱熹批評的關鍵說法。另一方面，自隨父遊歷開始，「相聚討論」是朱熹常有的經驗，他認爲入禪的學者是閉門造車，不經過公眾的檢驗，封閉環境的自我心得是相當危險，它可能流於個人成見。

　　撇開教育環境的差別，讀書在朱、陸之辨中，更根本的差異在於文字經籍的考究。陸九淵曾欲問朱熹堯、舜之前有何文字可讀，〔註109〕對陸九淵來說，文字經籍可被超越，朱熹並沒有反對等此意見，但說：

　　　　上古未有文字之時，學者固無書可讀。而中人以上，固有不待讀書
　　　　而自得者。但自聖賢有作，則道之載於經者詳矣，雖孔子之聖，不
　　　　能離是以爲學也。〔註110〕

　　　　古人詳於禮樂之事，當時自有一種書，後世不得而見。……上古無
　　　　書可讀，今既有書，亦須是讀，此由博反約之義也。〔註111〕

朱熹不否定讀書自得的可能性，但推論，顏淵雖有聖人氣象的崇高境界，從問爲邦事可知，顏淵必曾讀過禮樂制度之類的書籍，同時學必有問，由此可見顏

〔註107〕參考牟宗三先生的詮釋，對於陸九淵來說，「不知尊德性，則一切道問學皆無真實而積極之價值」。見牟宗三：《從陸象山到劉蕺山》（臺北：臺灣學生書局，2000年5月），頁95。
〔註108〕〔宋〕朱熹，陳俊民等校訂：〈答呂子約書十九〉，《朱子文集》，第5冊，頁2148。
〔註109〕見年譜，《陸九淵集》，頁491。
〔註110〕〔宋〕朱熹，陳俊民等校訂：〈答陳明仲十六〉，《朱子文集》，第4冊，頁1867。
〔註111〕〔宋〕黎靖德編，王星賢點校：《朱子語類》，第4冊，頁1362。

淵也是下過一番功夫。〔註112〕至於堯、舜之前雖然無書，但經過上古聖人的篳路藍縷，已經將聖人實學涵攝於經典之中，〔註113〕不只六經有這種涵攝，文字紀錄是後人唯一可以體察前代學者的途徑，故語錄之類也可參考。〔註114〕因此，在文化的累積之下，有書可看，何必再走史前的冤枉路，在此朱熹不作正面反駁，〔註115〕又強調讀書的必要性。

朱熹明瞭先立大本的重要性，但更要求由博返約的讀書法，〔註116〕即從聖人斯文中，掌握作者脈絡，進而提挈綱領，復返上古聖人之真知。朱熹認為從博學入手，自然能復返「大本」，同樣有「約」的境地，但強調讀書的成聖進路，容易令人有偏向知識的印象。朱熹自己對於知識的興趣十分濃厚，〔註117〕而道德智慧與知識思考之間，可能存在兩不相涉的鴻溝。〔註118〕陸九淵對朱熹支離的批評，即有這方面的疑慮。〔註119〕不過，在朱熹的學術體系之中，真正的學問並非無所不包，朱熹曾定義：「博學，謂天地萬物之理，修己治人之方，皆所當學。然亦各有次序，當以其大而急者為先，不可雜而無統也。」〔註120〕學是

〔註112〕〔宋〕黎靖德編，王星賢點校：《朱子語類》，第 2 冊，頁 569～570。

〔註113〕朱熹認為道德文章是「有是實於中，則必有是文於外」，故後人必可透過經籍，復返道德與聖人之「實」。見〔宋〕朱熹，陳俊民等校訂：〈讀唐志〉，《朱子文集》，第 7 冊，頁 3497。

〔註114〕〔宋〕黎靖德編，王星賢點校：《朱子語類》，第 7 冊，頁 2577。

〔註115〕朱熹曾說：「最怕人說學不在書，不務佔畢，不專口耳，下梢說得張皇，都無收拾，只是一場大脫空，直是可惡。」此語說得極重，可知朱熹對於讀書的堅持。見〔宋〕朱熹，陳俊民等校訂：〈答劉定夫一〉，《朱子文集》，第 6 冊，頁 2637。

〔註116〕原文為：「為學須是先立大本。其初甚約，中間一切甚廣大，到末梢又約。……近日學者多喜從約，而不於博求之。不知不求於博，何以考驗其約！」見〔宋〕黎靖德編，王星賢點校：《朱子語類》，第 1 冊，頁 188。

〔註117〕朱熹認為廣泛閱讀是十分重要的，他曾說：「天下無書不是合讀底，無事不是合做底。……大而天地陰陽，細而昆蟲草木，皆當理會。」昆蟲草木是《詩經》名物訓詁之類，更是自然科學認識。見〔宋〕黎靖德編，王星賢點校：《朱子語類》，第 7 冊，頁 2817。

〔註118〕馮友蘭：《中國哲學史新編》（臺北：藍燈文化事業股份有限公司，1991 年 12 月），第 5 冊，頁 196。

〔註119〕陸九淵絕對沒有否定學習的重要性，不過象山提出疑問：童蒙之學、農圃之學、工匠技藝等等，都可說是一門學問，姑且不論這些學問對於成聖的幫助，若博學作為進路，則「詭怪妖妄」的學問，都可能在「學」的範圍之內，這些不但無益於聖，更對道德修養有所傷害。見〈好學近乎知〉，《陸九淵集》，頁 372～373。

〔註120〕〔宋〕黎靖德編，王星賢點校：《朱子語類》，第 1 冊，頁 142。

關乎個人修養，涉及群己之間的治理，學要思考最高層次的道理，朱熹重視自然知識的學習，但在道問學的範圍內，客體知識的思考不居最重要的關鍵，至少它不在博學的範圍內。反過來說，朱熹認為不讀書才有支離的毛病：

> 大率近日學者，例有好高務廣之病，將聖人語言不肯就當下著實處看，須說教玄妙深遠，添得支離蔓衍。〔註121〕

> 愚意常患近世學者道理太多，不能虛心退步，徐觀聖賢之言，以求其意，而直以己意，強置其中，所以不免穿鑿破碎之弊。〔註122〕

> 今之學者卻求捷徑，遂至鑽山入水。吾友要知，須是與他古本相似者，方是本分道理；若不與古本相似，盡是亂道。〔註123〕

由於聖人已經成聖之學灌輸於經籍文字之中，要知個人行為思考，是否如同聖人之道，讀書就是一個最好的方法，要與「古本相似」，姑且稱此學習進路是為一種對照，用朱熹的話來說，就是「考驗其約」，〔註124〕不經過這種對照或是考驗，無法知道自己是否走在聖人的大道上，甚至可能走進岔路，遠離正道。

　　經過簡單的敘述，朱熹重視讀書的態度可見一斑，就以讀書的標準檢驗陸學，陸九淵絕對非束書不觀，至少他的心得是從孟子而來，甚至那些閉門劇讀的學者，也都沈浸在經籍文字之內，大家都是從讀書而來，朱熹要如何批評？其中的關鍵，在於「先立」的方法上，朱熹認為：

> 讀書且要虛心平氣，隨他文義體當，不可先立己意，作勢硬說，只成杜撰，不見聖人本意也。〔註125〕

若先有成見，在讀書的過程中，很可能會受此牽連，進而曲解了聖人本意：

> 近世說經者（按：特指《周易》），多不虛心以求經之本意，而務極意以求之本文之外。幸而渺茫疑似之間，略有縫罅，如可鉤索，略有形影，如可執搏，則遂極筆模寫，以附於經，而謂經之為說本如

〔註121〕〔宋〕朱熹，陳俊民等校訂：〈答趙子欽一〉，《朱子文集》，第6冊，頁2669。按：此信雖然論《易傳》事，然文末表達了對江西陸學不以為然的態度，故此論時風之散，兼有指責陸學的意味。

〔註122〕〔宋〕朱熹，陳俊民等校訂：〈答趙子欽六〉，《朱子文集》，第6冊，頁2673。按：朱熹與趙彥肅書信多涉及朱熹與陸九淵的辯論。此書提到，如果強加己意來詮釋經書，乾脆「自我作經」算了，這也有指責陸九淵的意味。

〔註123〕〔宋〕黎靖德編，王星賢點校：《朱子語類》，第7冊，頁2748。

〔註124〕參見註116引文。

〔註125〕〔宋〕朱熹，陳俊民等校訂：〈答劉季章十〉，《朱子文集》，第5冊，頁2494。

是也,其亦誤矣。〔註126〕

聖人經籍是考驗的個人思想與行爲的關鍵,故朱熹十分重視「本意」的了解,若先立己意在讀書之前,引經據典將流於個人私意的佐證,於是考察檢驗的目的將成爲不可能。先有心得的讀書法,可能只是個人規則的建立而已,作爲往後實踐的重要原則,朱熹要求平心靜氣,以免聖人本意遭受妨害。

分析朱熹的批評,不讀書有支離的毛病,但讀書不能體會本意,終究還是走入歧路,偏離大道。再以朱、陸之別論之,陸九淵也不是不讀書,至少自得於孟子也是從書籍開始,因此朱熹必須更關心書籍的「本意」,這是辨別「心得」是否爲「私意見」的根本辦法。瞭解本意的基本方法是放下成見,扎實地從上下文意開始,〔註127〕文句間的訓詁是最基礎的功夫:

近日看得後生,只是教他依本子,識得訓詁,文義分明爲急。自此
反復不厭,日久月深,自然心與理熟,有得力處。〔註128〕

朱熹雖然有疏略的讀法,「但於所讀之書,經文注腳,記得首尾通貫浹洽,方有可玩繹處」,〔註129〕前人注解不可拋棄,〔註130〕以當時可用的訓詁方法,《注》、《疏》匯集了可供對照的文獻與舊說,特別是名物訓詁的解釋,《注》、《疏》堪稱詳盡,朱熹相信「於訓詁處尋繹踐履去,自然下學上達」,〔註131〕他自己就是如此:

勤勞半世,汩没於章句訓詁之間,黽勉於規矩繩約之内,卒無高奇
深眇之見,可以驚世而駭俗者。獨幸年來於聖賢遺訓,粗若見其坦
易明白之不妄而必可行者。〔註132〕

〔註126〕〔宋〕朱熹,陳俊民等校訂:〈答萬正淳七〉,《朱子文集》,第5冊,頁2405。
〔註127〕朱熹曾云:「譬如讀書,不肯從上至下,逐字讀去,只要從東至西,一抹橫說,乍看雖似新巧,壓得過人,然橫拗粗疎,不成義理,全然不是聖賢當來本說之意。」〔宋〕朱熹,陳俊民等校訂:〈答劉季章十七〉,《朱子文集》,第5冊,頁2501。按:此論正針對江西陸學而來。
〔註128〕〔宋〕朱熹,陳俊民等校訂:〈答黃直卿〉,《朱子文集》,第10冊,頁4918。
〔註129〕〔宋〕朱熹,陳俊民等校訂:〈答張元德四〉,《朱子文集》,第6冊,頁3064。
〔註130〕朱熹又說:「大抵文義,先儒盡之。蓋古今人情不相遠,文字言語,只是如此,但有所自得之人,看這意味不同耳,其說非能頓異於眾也。」朱熹認爲,漢、唐訓詁有其可信之處,至於舊說也是「非能頓異於眾」,所謂「古今人情不相遠」,兼有漢、唐訓詁與舊說之意。見〔宋〕朱熹,陳俊民等校訂:〈答許順之〉,《朱子文集》,第4冊,頁1627。
〔註131〕〔宋〕黎靖德編,王星賢點校:《朱子語類》,第7冊,頁2566。
〔註132〕〔宋〕朱熹,陳俊民等校訂:〈答陳抑之〉,《朱子文集》,第6冊,頁2556～2557。

據朱熹所言，其大半心力在於章句訓詁的考索上，從一字進乎一句，句句進乎全篇，最後才滴匯出點點心得，這是朱熹讀書集成的功夫。

　　章句訓詁之仔細、文獻異說間的考索，是朱熹警示學人的兩大方針，〔註133〕讀書累積的心得，更要相加檢查，朱熹自述：「吾心之所得，必以考之聖賢之書，脫有一字之不同，則更精思明辨，以益求至當之歸。」〔註134〕這種檢驗就連一字之差都不放過，此心得參照舊說的過程，對朱熹來說，即是一種公眾的檢驗，朱熹能知「坦易明白之不妄而必可行」正來自於此，這種苦讀的考索對照，是其論學的基礎，也是朱熹的憑藉。

　　從字句訓詁入手，講求全篇大意的通貫，進一步探討聖人體得之本意，此為朱熹讀書的一貫歷程；於此等考索進路之中，自有返約上達之心得。而善讀書者也不免有所疑問，朱熹自云「有疑有得」，〔註135〕朱熹於四書經籍之著述，自然是其有所得者，而《孝經刊誤》所辨，自然是考索歷程中的有所疑者。朱熹自述：

> 熹舊見衡山胡侍郎《論語說》，疑《孝經》引《詩》非經本文，初甚駭焉，徐而察之，始悟胡公之言為信。而《孝經》之可疑者，不但此也，因以書質之沙隨程可久丈。程答書曰：「頃見玉山汪端明，亦以為此書多出後人傅會。」於是乃知前輩讀書精審。其論固已及此，又竊自幸有所因述，而得免於鑿空妄言之罪也。〔註136〕

朱熹在接觸此類懷疑《孝經》的思潮中，並非一開始就全盤接受，甚至是「初甚駭焉」，《孝經》乃自幼成訓之書籍，沒有十足的自信，朱熹不敢輕易的否定，不過「徐而察之，始悟胡公之言為信」，此悟信之言並非頓悟，是經過扎實的讀書歷程而詳加考察，同時經過與程迥的討論，朱熹更加確定不只自己有懷疑《孝經》的看法，如此等同於有公眾的考驗，能「免於鑿空妄言之罪」。不過朱熹除了接受外人的說法，不能忽略其自我考辨的功夫，他的接受是有

〔註133〕原文為：「但取一書，從頭逐段子細理會，久之必自有疑有得。若平時泛泛，都不著實循序讀書，未說義理不精，且是心緒支離，無箇主宰處，與義理自不相親，又無積累功夫，參互考證，驟然理會一件兩件，若是小小題目，則不足留心，擇其大者，又有躐等之弊，終無浹洽之功。」見〔宋〕朱熹，陳俊民等校訂：〈答王欽之二〉，《朱子文集》，第6冊，頁2556～2557。
〔註134〕〔宋〕朱熹，陳俊民等校訂：〈答吳晦叔十三〉，《朱子文集》，第4冊，頁1832。
〔註135〕參見註133引文。
〔註136〕〔宋〕朱熹：《孝經刊誤》，《朱文公文集》（臺北：台灣商務印書館，1965年，四部叢刊初編集部第59冊縮印明嘉靖刊本），卷66，總頁1218。

所別擇的。

待考索檢驗、學識成熟之後，朱熹更有自信去辨別書籍的疑義：

> 看文字，且依本句，不要添字。那裏元有縫罅，如合子相似。自家
> 只去抉開，不是渾淪底物，硬去鑿；亦不可先立說，牽古人意來湊。
> 〔註137〕

> 正使得其大意，中間亦不免有空闕處，相接不著。〔註138〕

> 《詩》、《易》之類，則爲先儒穿鑿所壞，使人不見當來立言本意。
> 此又是一種功夫，直是要人虛心平氣，本文之下，打疊交空蕩蕩地，
> 不要留一字先儒舊說，莫要他是何人所說，所尊所親、所憎所惡，
> 一切莫問，而惟本文本意是求，則聖賢之指得矣。〔註139〕

抉擇辨疑具有一個次序：虛心平氣、不先立說，追求本意，要從字句，進而擴展，「看文字，且依本句，不添字」，朱熹對文獻是相當尊重的，不過流傳過程中難免有文字版本的差別，這是首要考校之處。經過字句的考校，朱熹讀書講求上下文的連貫，而「中間亦不免有空闕處，相接不著」，這正是令人懷疑的地方，於此「縫罅」之間，正是學者下手之處，《格物補傳》的問題，大概就是「中間空闕」的積極表現。而待全文諸篇都做足如此功夫，勢必會有讀者的自我心得，朱熹又要求進一步將此自得之意，復返文獻，詳加考驗。朱熹參考舊說，但並非一開始就盡信之，如此等同先立成見，閱讀文獻，最終還是在經籍所得之本意上比較，此爲朱熹擇別舊說之意。大體而言，朱熹注重首尾一貫的本意，故其論曰：

> 蓋經之首，統論孝之終始，中乃敷陳天子、諸侯、卿大夫、士、庶
> 人之孝，而其末結之曰：「故自天子以下，至於庶人，孝無終始，而
> 患不及者，未之有也。」其首尾相應，次第相承，文勢連屬，脈絡
> 通貫，同是一時之言，無可疑者。而後人妄分，以爲六、七章（原
> 注：今文作六章，古文作七章），又增「子曰」及引《詩》、《書》之
> 文以雜乎其間，使其文意分斷間隔，而讀者不復得見聖言全體大義，
> 爲害不細。故今定此六、七章者合爲一章，而刪去「子曰」者二、
> 引《書》者一、引《詩》者四，凡六十一字，以復經文之舊。〔註140〕

〔註137〕 〔宋〕黎靖德編，王星賢點校：《朱子語類》，第1冊，頁184。
〔註138〕 〔宋〕朱熹，陳俊民等校訂：〈答曾擇之三〉，《朱子文集》，第6冊，頁2962。
〔註139〕 〔宋〕朱熹，陳俊民等校訂：〈答呂子約八〉，《朱子文集》，第5冊，頁2171。
〔註140〕 〔宋〕朱熹：《孝經刊誤》，《朱文公文集》，卷66，總頁1215。

對於文獻的尊重，朱熹並沒有刪去「子曰」、引《詩》《書》者，不過朱熹表達了刪去「子曰」、引《詩》《書》者的意見。朱熹認為上述各章是為「經一章」，主要就是「首尾相應，次第相承，文勢連屬，脈絡通貫」，這是講求全篇大意的原因，同時經過歐陽脩辨「子曰」事，「子曰」云云大有後人追述、甚至是後學添加的可能性，在追求全篇通貫的考量下，朱熹判斷應刪去數章「子曰」之首。

另一方面，胡寅懷疑《孝經》最主要的根據是「《孝經》引《詩》非經本文」，箇中的關鍵，還是在於經籍本意的追求。〈三才章〉云：「先王見教之可以化民也。是故先之以博愛，而民莫遺其親；陳之於德義，而民興行；先之以敬讓，而民不爭；導之以禮樂，而民和睦；示之以好惡，而民知禁。《詩》云：『赫赫師尹，民具爾瞻。』」〔註141〕朱熹判斷：

> 其所引《詩》亦不親切，今定「先王見教」以下，凡六十九字並刪
> 去。〔註142〕

〈節南山〉前兩章提到「赫赫師尹，民具爾瞻。憂心如惔，不敢戲談」、「天方薦瘥，喪亂弘多。民言無嘉，憯莫懲嗟」，朱熹評論此詩：

> 自古小人，其初只是它自竊國柄；少間又自不奈何，引得別人來，
> 一齊不好了。如尹氏太師，只是它一箇不好；少間到那「瑣瑣姻亞」
> 處，是幾個人不好了。〔註143〕

師尹是一個負面角色，「只是它一箇不好」，但將此詩，特別是尹氏太師的角色置於《孝經》之中，尹氏太師從一個負面的角色，變為正面的教化涵義。對於朱熹來說，引《詩》之前為正面義，但引負面義的詩句配對，這顯示了《孝經》此章作者不明《詩經》本意，因此朱熹說他不親切、本意不通，若是孔子親述，必不如此，在本意與講求通貫的考究上，朱熹接受胡寅的說法。

（二）履踐上的不應

追求本意是朱熹讀書法的重要面向，不過朱熹不只注重知識上的窮索，對於朱熹來說，經籍是聖人經歷所得，〔註144〕既然是經驗所得，自然要去履

〔註141〕《孝經注疏》，卷3，頁3～4。

〔註142〕〔宋〕朱熹：《孝經刊誤》，《朱文公文集》，卷66，總頁1216。

〔註143〕〔宋〕黎靖德編，王星賢點校：《朱子語類》，第6冊，頁2123。

〔註144〕朱熹曾說：「讀書已是第二義。蓋人生道理合下完具，所以要讀書者，蓋是未曾經歷見許多。蓋是聖人經歷見得許多，所以寫在冊上與人看。而今讀書，只是要見得許多道理。及理會得了，又皆是自家合下元有底，不是外面旋添得來。」見〔宋〕黎靖德編，王星賢點校：《朱子語類》，第1冊，頁161。

踐，故強調讀書不代表拋棄了實踐的重要：

> 讀書之法，要當循序而有常，致一而不懈，從容乎句讀文義之間，
> 而體驗乎操存踐履之實，然後心靜理明，漸見意味；不然，則雖廣
> 求博取，日誦五車，亦奚益於學哉？〔註145〕

> 更須從淺近平易處理會，應用切身處體察，漸次接續，勿令間斷，
> 久之自然意味浹洽，倫類貫通。〔註146〕

朱熹說「少看熟讀，反覆體驗，不必想像計獲」、「親切貼身體驗出來，不須
向外處求」，〔註147〕所謂親切，除了是扎實理解經籍，更重要的是能夠實踐，
這種實踐是從日用倫常開始，孝與《孝經》正符合這方面的要求。同時朱熹
會認同「經一章」的內容，或許就是以孝貫通五等的「倫類貫通」。「切身處
體察」是實踐方面的親切要求，經籍並非高懸的道理，此等道理必可實踐，
特別是孝順之類日用倫常的實踐道理，朱熹要求：

> 大凡看文字：少看熟讀，一也；不要鑽研立說，但要反覆體驗，二
> 也；埋頭理會，不要求效，三也。〔註148〕

所謂熟讀文字，即重視本意的讀書法，讀書如有心得，不要急於著述，將道
理發於實踐，才是讀書的原本目的。這種讀書過程，並不是名物訓詁與知識
上的理解，朱熹所說的反覆體驗，即是將日常的個人行為，重新放入聖人本
意裏來考驗一番，以確定其道理可用、行為可行，此為實踐上的親切。

孝是人倫實踐之常，不過朱熹認為，《孝經》在本意上頭，特別是行為實
踐的親切，是有所牴觸：

> 《孝經》疑非聖人之言。且如「先王有至德要道」，此是說得好處。
> 然下面都不曾說得切要處著，但說得孝之效如此。如《論語》中說
> 孝，皆親切有味，都不如此。〈士〉、〈庶人章〉說得更好，只是下面
> 都不親切。〔註149〕

〈庶人章〉以下強調孝治天下、災禍符應、移孝作忠、刑禮之用，這些說明
了孝所帶來的種種良善效果，但朱熹認為，這些都不是作人行孝的真正目的，

〔註145〕〔宋〕朱熹，陳俊民等校訂：〈答陳師德一〉，《朱子文集》，第6冊，頁2702。
〔註146〕〔宋〕朱熹，陳俊民等校訂：〈答胡寬夫〉，《朱子文集》，第5冊，頁2006。
〔註147〕〔宋〕黎靖德編，王星賢點校：《朱子語類》，第1冊，頁165；第2冊，頁
470～471。
〔註148〕〔宋〕黎靖德編，王星賢點校：《朱子語類》，第1冊，頁165。
〔註149〕〔宋〕黎靖德編，王星賢點校：《朱子語類》，第6冊，頁2142。

不該只在成效上打轉，這是朱熹斷其爲傳的一大主因。其中更主要的緣故，在於嚴父配天的說法：

> 嚴父配天，本因論武王、周公之事而贊美其孝之詞，非謂凡爲孝者皆欲如此也。又況孝之所以爲大者，本自有親切處，而非此之謂乎。若必如此，而後爲孝，則是使爲人臣子者，皆有矜將之心，而反陷於大不孝矣。〔註150〕

陳勝起兵時，山東儒師曾云「人臣無將，將即反，罪死無赦」，〔註151〕將有叛亂之義。不論周公的攝政問題，嚴父祭天最常出現在郊祀祭天的討論，但此禮乃天子之大禮，在五等之孝中，應屬於天子之孝，故朱熹云：「本因論武王、周公之事而贊美其孝之詞。」由於此禮乃天子專行之大禮，不符合一般人的身份，除非叛亂自立，《孝經》此行絕不普遍，更非日用實際之處，故朱熹評其不親切，進而同程頤一般懷疑《孝經》。

第三節　心學家的《孝經》學──兼論孝在朱陸之學的不同地位

一、陸學的心性論──以《孝經》爲核心的討論

（一）理想根源與詮釋宗旨

相對於朱熹的陸學，並沒有忽略讀書的面向，陸九淵告誡學生，閱讀經書要從《注》、《疏》入手，參考先儒解釋，並且莫「執己見議論」，否則「恐入自是之域」，〔註152〕這與朱熹強調的基本方法，沒有什麼不同，不過朱、陸交流，急轉直下，弟子之間逐漸形成壁壘分明的門戶之別，最主要的原因，還是在於讀書態度的討論，特別是對曹建這位學生的教法。曹建轉投朱熹之後，陸九淵感到相當惋惜，他說「曹立之天資甚高，因讀書用心之過成疾」，〔註153〕此等觀點下，曹建於朱熹門下學習，根本是變本加厲，陸九淵認爲，一旦讀書陷入了鑽牛角尖的境地，應該要暫且放下，要「時復涵泳，似不去

〔註150〕〔宋〕朱熹：《孝經刊誤》，《朱文公文集》，卷66，總頁1216。
〔註151〕〔漢〕司馬遷：《史記》（北京：中華書局，1982年11月），第8冊，頁2720。
〔註152〕以上見〔宋〕陸九淵，鍾哲點校：〈語錄下〉，《陸九淵集》，頁431。
〔註153〕〔宋〕陸九淵，鍾哲點校：〈語錄下〉，《陸九淵集》，頁437。

理會而理會」，〔註154〕曹建就是不能有如此體會。陸九淵所說的不去理會，指的是知識上的考索，對陸九淵來說，學本來就不是經籍而已，他認為：

> 生於末世，故與學者言，費許多氣力，蓋爲他有許多病痛。若在上
> 世，只是與他說：「入則孝，出則弟。」初無許多事。〔註155〕

陸九淵讚賞宗族內的和諧，認爲這就是道的表現，〔註156〕不只文化上的累積。陸九淵對堯、舜以前有何文字可讀的疑問，甚至代表：堯、舜所代表的理想國家、或是社會組織之前，血緣聯繫著的家族，就蘊含理想的道德，這是眞正的淳美風俗。學不只是典章禮樂的三代之治，更非知識上的考索，它來自於此最初、最高的淳美理想，這種道德境界不因苦讀的絕境而有所影響，因此讀書不通時，可以放下、不去理會，但不是不思索這個問題，而是要復返實踐，藉由實踐來了解聖人的道理，從日常生活中涵泳，自然能有另一番的領會，這是陸九淵說的，似不去領會而實有領會。

鵝湖之會，陸九齡詩云「孩提知愛長知欽，古聖相傳只此心」，〔註157〕朱熹酌議的焦點在於第二句的心字，但陸氏兄弟的抱持著「孩提知愛長知欽」，也就是堯、舜之前，「入則孝，出則弟，初無許多事」的理想。陸九淵〈貴溪學記〉闡發兄長的詩句：

> 孩提之童，無不知愛其親，及其長也，無不知敬其兄。先王之時，
> 庠序之教，抑申斯義以致其知，使不失其本心而已。堯、舜之道，
> 不過如此。此非有甚高難行之事，何至遼視古俗，自絕於聖賢哉？
> 〔註158〕

鵝湖之會後的十五年間（淳熙二年 A.D.1175～紹熙元年 A.D.1190），陸九淵對此更加自信，自評這個道理是「夫婦之愚可以與知」，〔註159〕並且質疑朱熹的格物說：

> 某讀書只看古註，聖人之言自明白。且如「弟子入則孝，出則弟」，
> 是分明說與你入便孝，出便弟，何須得傳註。學者疲精神於此，是

〔註154〕〔宋〕陸九淵，鍾哲點校：〈語錄下〉，《陸九淵集》，頁 438。
〔註155〕〔宋〕陸九淵：〈語錄上〉，《陸九淵集》，頁 399。
〔註156〕〈與諸葛誠之〉第三書云：「兄倡道於彼，善類響應，便使慈祥愷悌和諧輯睦之風鬱然興於父子、兄弟、宗族、鄉黨之間，此孟子所謂其子弟從之，則孝悌忠信者也。健羨！健羨！」見《陸九淵集》，頁 52。
〔註157〕〔宋〕陸九淵：〈語錄上〉，《陸九淵集》，頁 427。
〔註158〕〔宋〕陸九淵：〈貴溪重修縣學記〉，《陸九淵集》，頁 237。
〔註159〕〔宋〕陸九淵：〈語錄上〉，《陸九淵集》，頁 408。

以檐子越重。到某這裏，只是與他減檐，只此便是格物。〔註160〕

曹建追求知識的精神，與朱熹讀書的教學法，正是「學者疲精神於此，是以檐子越重」，對於陸九淵而言，日常生活的實踐就是格物，年幼的孩童很難懂得傳注的解釋，但即使沒有苦讀的功夫，也不妨礙孩子們去孝去悌，也就是說，知識上的窮索與聰明，並不影響道德與行爲實踐，在這樣的解釋之下，道德與成聖之學自然是「夫婦之愚可以與知」了。

　　陸九淵論道統這方面的言論不多，這或許是他自得於孟，又要闡發「堯、舜之前」的緣故，不過陸九淵也提過堯、舜以來的聖人懷想，其中可注意周代以下一段：

> 周公成文、武之業，追王太王、王季，宗祀文王於明堂，盡繼述之善，爲天下達孝；曾子受經於仲尼，以孝聞天下而名後世，皆是德也。〔註161〕

孝是堯、舜以前就有的道德，周公、孔子、曾子所繼承的就是孝道，陸九淵論周一系道統，全因《孝經》而來。綜觀朱熹面對《孝經》的態度，實有由信轉疑的過程，《孝經刊誤》即其考索思辨的具體成果；陸九淵與朱熹不同，他相信《孝經》，早在從事舉業之時，就作〈天地之性人爲貴論〉云：

> 自夫子告曾子以孝曰：「事父孝，故事天明，事母孝，故事地察。」舉所以事天地者，而必之於事父母之間，蓋至此益切而益明，截然無辭說議論之蹊徑。至因其有「無以加於孝乎」之問，又告之以「天地之性人爲貴」。有篤敬之心，踐履之實者，聽斯言也，獨不有感於心乎？於此而猶膠膠於辭說議論之間，亦奚啻不以三隅反者哉？〔註162〕

當時《孝經》正受到懷疑，〔註163〕加上陸氏論心的特殊性，呂祖謙知此即陸九淵文，徐誼讀此文，進一步指示楊簡從學於陸，〔註164〕《孝經》於陸氏後

〔註160〕〔宋〕陸九淵：〈語錄下〉，《陸九淵集》，頁441。

〔註161〕〔宋〕陸九淵：〈經德堂記〉，《陸九淵集》，頁235。

〔註162〕〔宋〕陸九淵，鍾哲點校：〈天地之性人爲貴論〉，《陸九淵集》，頁288。

〔註163〕陸九淵述其兄陸九齡〈行狀〉云：「故端明汪公實爲司業，月試輒居上游。場屋之文，大抵追逐時好，拘程度，不復求至當。」端明汪公即汪藻，正是當時懷疑《孝經》，並影響朱熹的學人之一。此又可見胡寅以辨疑《孝經》出題，實爲學風的反映。見〈全州教授陸先生行狀〉，《陸九淵集》，頁313。

〔註164〕黃震記：「此篇呂東萊識其爲江西陸子靜之文，而特取之者也。徐子宜見其文，而指示楊慈湖使之從象山爲師者也。」見〔宋〕黃震：《黃氏日抄》（臺北：大

學之流傳，由此可見一斑。

經過北宋諸儒的努力，孟子的性善說，早已成爲學界廣泛的說法，陸九淵又自得於孟，《孝經》所說的「天地之性」，自然是孟子說的性善，但象山想藉《孝經》所發之論，實不只於此。十三歲時，陸九淵對天地宇宙之事有所領悟，〔註165〕他以《孝經》作程文，不只要發揮孟子的性善說，更要聯繫孟子「塞乎天地」的「天地」。〔註166〕二程曾經提到《孝經》天地：

> 或問：「孝，天之經，何也？」曰：「本乎天者親上，輕清者是也。
> 本乎地者親下，重濁者是也。天地之常，莫不反本。人之孝，亦反
> 本之謂也。」〔註167〕

「塞乎天地」來自於孟子養浩然之氣說。基於嚴父配天的懷疑，二程對《孝經》實無明確說法，這裏說的反本，或許有復返性善的意思，不過本之於《易‧文言》，二程對於天地的解說，倒是十分清楚，清氣來自於天，濁氣來自於地，孝與天地之常，來自於清濁二氣。孝與本，有此一番「氣」的說法。於其他言論中，二程論孝並無氣義，或許因爲嚴父配天的懷疑，二程對於《孝經》就沒有詳加討論。在程門師徒之間，《孝經》所說天地之性，有氣的運行，但對陸九淵來說，《孝經》所言天地，絕不如此。在年少的體認當中，陸九淵領會了四海聖人之心皆相同的道理，〔註168〕「心即理也」。〔註169〕人莫不有父母，童蒙之時，無「辭說議論」，學識不深，但每個人對父母都有一股「有感於心」的孝心發動，也自然有孝順的行爲，這種孝心也就是「篤敬之心」，陸九淵以此證明此心此理先驗的本有，引領著人們去做適當的行爲，這就是「人爲貴」的道理。因此，宇宙天地之性，實爲心言；《孝經》的天地之性，實爲天地之心，錢時說：「天即吾心也，地即吾心也，孩提知愛不學而能，即所謂經也。」〔註170〕陸氏後學的詮釋，盡是這個道理。〔註171〕

化書局，1984年，影印日本立命館大學圖書館藏清乾隆33年刊本），卷42，頁12下。

〔註165〕〔宋〕楊簡：〈象山先生行狀〉，《陸九淵集》，頁313。

〔註166〕同上註。

〔註167〕〔宋〕程顥、程頤：《二程集》，上冊，頁413。

〔註168〕〔宋〕楊簡：〈象山先生行狀〉，《陸九淵集》，頁388。

〔註169〕〔宋〕陸九淵：〈與李宰〉第二書，《陸九淵集》，頁149。

〔註170〕〔宋〕錢時：《融堂四書管見》（臺北：臺灣商務印書館，1969年，四庫全書珍本初集第89冊），卷11，頁13下。

〔註171〕楊簡也說：「愛敬父母之心，即天地之心」、「一心無他，斯乃道心。斯即天地之

（二）後學的詮釋與辨析

陸九淵自詡他的論述是全無杜撰，〔註172〕這種直接來自於孟子的心得，他也有相當的自信，而孟子之外，《孝經》是難得的依憑之一。陸九淵以《孝經》所述周公、孔、曾為得德之統，又引之闡發孝心之心，陸氏心學實與《孝經》互相連結。楊簡又因〈天地之性人為貴論〉，與象山結緣，故《孝經》於陸學之中，實有「經」的地位。在中國的學術習慣中，不對經籍來作註解，不利於本門學派的發展，陸九淵雖無這方面的著作，楊簡與錢時則補充了這方面的不足。〔註173〕楊簡作《先聖大訓》，又有〈論孝經〉一文，陸氏心學開始有《孝經》的專門論述，到了楊簡的學生錢時，更以《孝經》與《論語》、《大學》、《中庸》作為陸學四書。〔註174〕

陸九淵所說的心，可朝向價值主體的自覺來解讀，〔註175〕就孝心與孝行這一組關係來解釋，孝心是先驗地感發，是孝行的原動力，綜合其心即理的概念，心可提供行為上的規範。三代以前，孝或許是宗族社會的重要道德，但君臣關係日趨重要，忠德甚至是禮知信等都是如此，在一般的觀念裏，孝為諸德之一，也就是分殊之一，孝心這本心的感發，在諸德之中能否適用，這是《孝經》心學容易被懷疑的地方。以行為本身論之，惡行的背後都有動機，這也可看作是一種來自於內心的動力，如何去分辨本心，成了陸學弟子的進一步問題。陸九淵與李伯敏的對話，是語錄少數的長文，李伯敏的問題就是：「如何是盡心？性、才、心、情如何分別？」〔註176〕但是陸九淵始終不願意正面回答，他認為：「在天者為性，在人者為心。此蓋隨吾有而言，其實不須如此。」〔註177〕事實上，從陸九淵對《孝經》的解讀可知，天地之性就

心，《孝經》曰：『孝弟之至，通於神明，光于四海，無所不通』，順用而無差，順行而無為，可以範圍天地，可以發育萬物，神之所自有也，不可思也，不可贊也。」錢時更是履用「本心」、「道心」來作解釋。見〔宋〕楊簡：《慈湖遺書》（臺北：新文豐出版公司，1989年，叢書集成續編第130冊影印民國張壽鏞四明叢書本），卷12，頁6下；卷2，頁16下。〔宋〕錢時：《融堂四書管見》，卷11，頁2下、3上、4、7下、9上、13下、16上、23上、29上、35上、7下。

〔註172〕〔宋〕陸九淵：〈語錄上〉，《陸九淵集》，頁400。

〔註173〕侯外盧等：《宋明理學史》（北京：人民出版社，1997年10月），上冊，頁593～594。

〔註174〕同註170。

〔註175〕參考勞思光：《新編中國哲學史》（臺北：三民書局股份有限公司，2003年9月），第3冊上，頁357～361。

〔註176〕〔宋〕陸九淵：〈語錄下〉，《陸九淵集》，頁444。

〔註177〕同上註。

是孝心之本心，雖有天人的分別，內涵其實相同。

陸九淵論《孝經》的天地之性與孝心的關係，正好是李伯敏詢問辨別心、性的解答。至於才、情的分別，陸九淵的說明更是模糊，他用樹木來作比喻，惡就如同斧斤對於樹木的戕害。〔註178〕對於才情的解釋，陸九淵雖說得模糊，不過對斧斤這個外力可能造成的侵害，倒是說得十分清楚，若「夢寐顛倒，思慮紛亂，以致淪爲禽獸」，〔註179〕思慮沉淪至此，必定是失去本心的狀態。引申夢的經驗，當本心發覺至明之時，思慮前的潛意識即有道德價值的展發，楊簡正有如此經驗：

> 偶得古聖遺訓，謂學道之初，繫心一致，久而精純……。後又於夢
> 中獲古聖面訓，謂某未離意象，覺而益通，縱所思爲，全體全妙。
> 〔註180〕

《孝經》爲楊簡《先聖大訓》之一，所謂「偶得古聖遺訓」，《孝經》應爲其中之一，而「夢中獲古聖面訓」，大概也如孔子面述曾子一樣，在夢境、或是潛意識中與先聖有所體悟。經過此等體悟經驗，楊簡更加相信陸象山對《孝經》孝心之解釋，並且闡發之：

> 《孝經》曰：「夫孝，天之經，地之義，民之行。」此道通貫上下，
> 至一而無殊。天以此健行，地以此發生；日月以此照臨，雷霆以此
> 震動；風雨以此散潤，四時以此變通；君以此尊，臣以此卑；父以
> 此慈，子以此孝。〔註181〕

《孝經》就有移孝作忠的說法，孝與忠雖爲二德，但有一的可能性。在楊簡的經驗之中，體悟是「全體全妙」，因此諸德之分疏並不影響孝心發始的體悟，楊簡強調由一感悟全體的概念，〔註182〕也就是「至一而無殊」。楊簡認爲，孝心的體會，即是道心、甚至是神心的體會，是「範圍天地」、「發育萬物」、「神所自有」，〔註183〕不只君臣父子，就連天地自然間的德性，自然也在領會的範圍內，楊簡更說：

> 是天地之經也，自膝下嬉嬉，皆知愛其親，愛其親之心曰孝。是愛

〔註178〕同上註。

〔註179〕〔宋〕陸九淵：〈語錄下〉，《陸九淵集》，頁444。

〔註180〕〔宋〕楊簡：〈汎論學〉，《慈湖遺書》，卷15，頁3上。

〔註181〕〔宋〕楊簡：〈饒娥廟記〉，《慈湖遺書》，卷2，頁17上。

〔註182〕參考劉秀蘭：《化經學爲心學──論慈湖之經學思想與理學之開新》（臺北：國立臺灣大學中國文學研究所碩士論文，何澤恆先生指導，1999年），頁166～171。

〔註183〕〔宋〕楊簡：〈樂平孚惠廟記〉，《慈湖遺書》，卷2，頁16下。

其親之心，吾不知其所自來也，窮之而無原，執之而無體，用之而不可。既不勉而中，不思而得，洞焉通焉，廣大而無際。天之所以健行而不息者，乃吾之健行也；地之所以博載而化生者，乃吾之化生也；日月之所以明者，乃吾之明也；四時之所以代謝者，乃吾之代謝也；萬物之所以散殊於天地之間者，乃吾之散殊也。吾道一以貫之，果吾之所自有也，人皆有之，而自省自信者寡也。〔註184〕

這段話其實就是陸九齡詩與陸九淵〈貴州學記〉更進一步的闡發。孝心的發動是「不知其所自來也」，它無源無體，其實就本質於心的全體。本心會提供行為準則的原動力，因此能「不勉而中」，而心的發用就是全體的「一」的發用，自然能以孝心貫之諸德，這正是《孝經》天地之性、生化萬物的道理。楊簡對天性本質於心的論述，是一個非常直捷的過程。楊簡又從身體構成的面向來說明：

人咸以身體髮膚為己，不知受之於父母。孔子於是破其私有之窟宅，而復其本心之大公。人莫切於己，莫愛於己，因其愛己，而啟之以受之父母，則愛出於公；因其不肯毀傷，而轉曰不敢，則公而不私，因而不拂。聖人循循善誘，發明人心本有之道德，行之以立其身，則身為公器而不私。〔註185〕

……觀之父母即天地。人生而執己私起意，彼此牢不可解。一日醒覺，吾性清明廣大，無際無畔，誠不見其有天地之殊。〔註186〕

身體髮膚可說是由資稟的氣所構成。在一般的觀念之中，身是獨立的個人範圍，但楊簡認為，這種想法是錯誤的，個人的身體來自於父母，如此身則具有有公的本質，《孝經》與曾子會以保身觀念作為孝道之首，就是要闡發公的涵義，身體原本不私，本心也不是一個自私的心念，《孝經》所說的孝治，即是聖人自省此公意本心的最高體現。〔註187〕綜合以上，在氣的構成中，身原本是「公」的，心也本來就是「公」的，再從道理的一上講，心又不只是公，更是「全」，從公與全這兩方面來說心，本心的發現絕對不是片面的、部份的，人之所以害怕猶豫，主要就是缺乏「自省自信」，察省本心就能了悟全體公心，

〔註184〕〔宋〕楊簡：〈論孝經〉，《慈湖遺書》，卷12，頁1下。
〔註185〕〔宋〕楊簡：〈論孝經〉，《慈湖遺書》，卷12，頁4下～5上。
〔註186〕〔宋〕楊簡：〈論孝經〉，《慈湖遺書》，卷12，頁7上。
〔註187〕楊簡解釋〈孝治章〉為：「此章發明道心之至和，何其深切著明也。此心虛明變化，至和至順，為孝為弟，為博愛，無一點己私置其中。」見〔宋〕楊簡：〈論孝經〉，《慈湖遺書》，卷12，頁5下～6上。

人要對此有所自信。

　　將楊簡的論述置於李伯敏疑問的脈絡中，掌握孝心的心的發動，自然就貫通天性人心之際，這是一個極正面的回答。陸九淵說「因舉一人恣情縱欲，一知尊德樂道，便明潔白直」，〔註188〕此「尊德樂道」與「明潔白直」，即是本心發用的境界，陸九淵說得「恣情縱欲」正相對於道德而言。若要辨析陸九淵對惡之源的解說，過度的情欲是一個主要因素。除此之外，陸九淵又說：「人之所以病道者：一資稟，二漸習。」〔註189〕則過度的情欲、資稟與漸習，三者都是惡的來源。陸九淵認為道德價值根源於堯、舜文化的累積之前，「昔人著述之說，當世講習之言」，其中可能有「亂眞之似，失實之名」，漸習之失，即是依照前人錯誤的聞見之知，不知辨別，又加以實踐，於是有了失去本心的行為。〔註190〕另一方面，陸九淵論天地之性與孝心本心，雖然不用氣義來講，但以資稟解釋失道之病，惡的來源便有氣的因素，陸九淵說：

> 資稟之高者，義之所在順而行之，初無留難。其次，義利交戰，而利終不勝，義故自立。〔註191〕

「氣有清濁，心與智愚」，〔註192〕身體構成與個人特質來自於氣，這類似李伯敏所問的「才」，智與愚的分別是思辨知識義的心，這是氣所造成的差別。陸九淵說「資稟之高者，義之所在順而行之」，則是一個順行本心的行為發動，本心雖俱存天地，人人皆有，但陸九淵用「資稟」形容，似乎是說：在體會本心的過程中，人與人之間還是有程度上的差別。陸九淵又說：

> 人無不知愛親敬兄，及為利欲所昏便不然。欲發明其事，止就彼利欲昏處指出，便愛敬自在。此是唐虞三代實學，與後世異處在此。〔註193〕

陸九淵不喜歡用分解式的定義，因此上述論惡之源的說明，只能說是一種嘗試性的歸納，眞正在實踐的過程中，必定會有更多的阻礙，一旦本心受到阻礙而沉淪之，〔註194〕就可以說是惡，因此惡的外在原因，不只是資稟、漸習、縱慾等等。但若要從陸九淵的相關論述中，提舉一個惡的判別方法，義利之

〔註188〕〔宋〕陸九淵：〈語錄下〉，《陸九淵集》，頁451。
〔註189〕〔宋〕陸九淵：〈語錄下〉，《陸九淵集》，頁448。
〔註190〕〔宋〕陸九淵：〈與包詳道書〉，《陸九淵集》，頁81。
〔註191〕〔宋〕陸九淵：〈語錄上〉，《陸九淵集》，頁411。
〔註192〕〔宋〕陸九淵：〈與包詳道書〉，《陸九淵集》，頁80。
〔註193〕〔宋〕陸九淵：〈語錄下〉，《陸九淵集》，頁453～454。
〔註194〕〔宋〕陸九淵：〈語錄下〉，《陸九淵集》，頁452。

別是一個最明確的綱要。所謂自私與私意，都可說是因利而來，人關於領悟本心的程度差別，也就是在義利之間的考驗，凡是出於利、流於利者，對陸九淵來說，即爲惡之所在。

關於後學的著作，在論述的過程中，楊簡曾感嘆：「曾子之書，世罕傳誦，小書幼紙，訛脫爲甚，岌岌乎！將逐泯絕。」〔註195〕即使經過陸九淵的闡發，《孝經》衰落的地位絲毫沒有改善，《孝經》幾乎已成絕學，在疑經風氣的發展之下，朱熹對《孝經》的分析是最具體的著作，《孝經》可疑的主要關鍵，根源於胡寅對《孝經》引《詩》的懷疑，朱熹更著眼於《孝經》引〈節南山〉詩，與原詩的涵義有正反兩面的不同，此本意不合是朱熹《刊誤》的主要根據。楊簡要替老師闡發《孝經》的道理，首先要面對的，就是來勢洶洶的疑經論，《慈湖詩傳》認爲：

觀《孝經》之意，則殆非謂尹氏其師表，尹正之通稱歟。〔註196〕

此處正是朱熹懷疑的主要根據，但楊簡認爲，〈節南山〉說的「赫赫師尹」大抵上是個通稱，即使「師尹」在〈節南山〉有負面價值，因爲通稱的緣故，不必把「師尹」在〈節南山〉原意帶進《孝經》裏，所謂《孝經》引《詩》不親切之說，就可輕輕帶過。楊簡又以讖緯爲據：

孔子曰：「知我者，其惟《春秋》乎；罪我者，其惟《春秋》乎！」又曰：「其義則丘竊取之矣。」孔子曰：「吾志在《春秋》，行在《孝經》。」……孔子之志即孔子之行，《孝經》即《春秋》，而孔子必別而言之者，以《春秋》之貶削，迹疑於嚴，或者不達，則流於嚴，將寖失本心所自有慈愛恭敬也，故曰「行在《孝經》」。〔註197〕

早在歐陽脩攻擊讖緯之學時，讖緯論述《春秋》、《孝經》就受到抨擊，不過楊簡似乎沒有注意歐公之類的言論，進一步發揮讖緯的說法。楊簡認爲「孔子之志即孔子之行」，隱然朝向志行合一之說，在此論述之中，《孝經》等同於《春秋》的地位。《春秋》是孔子嚴肅的表現，但又怕表現太嚴，失去了慈愛恭敬的本心，特作《孝經》來發明本心的重要。

不論楊簡的判斷有沒有考證上的效力，面對已成潮流的懷疑風氣，至少

〔註195〕　〔宋〕楊簡：〈曾子序〉，《慈湖遺書》，卷1，頁6下。
〔註196〕　〔宋〕楊簡：《慈湖詩傳》（臺北：新文豐出版公司，1989年，叢書集成續編第106冊影印民國張壽鏞四明叢書本），卷12，頁12上。
〔註197〕　〔宋〕楊簡：《先聖大訓》（臺北：新文豐出版公司，1989年，叢書集成續編第40冊影印民國張壽鏞四明叢書本），卷4，頁21～22上。

已爲陸九淵的空白提出說法,算是陸氏心學對《孝經》基本問題所做的回應。楊簡繼承陸九淵對於《孝經》的重視,但後學在今古文的擇取上,與陸九淵不同。陸九淵說:「《孝經》十八章,孔子於踐履實地上說出,非虛言也。」〔註198〕〈語錄〉或記爲孔子對曾子所說,〔註199〕陸九淵相信《史》、《漢》所論的十八章本,楊簡則認爲:

> 章句陋儒,取孔子所與曾子之書,妄以己意增益之曰〈開宗明義章〉、曰〈天子章〉、曰〈諸侯章〉,取混然一貫之旨而分裂之,又刊落古文「閨門」一節,破碎大道,相與妄論於迷惑之中,而不自知此惟心通內明,乃克決擇。〔註200〕

錢時一方面繼承其師楊簡的意見:

> 愚觀孔安國〈尚書序〉至「其餘錯亂磨滅,不可復知」之語,未嘗不悵然太息,使其可知,則百篇之義當不止於五十有九矣。此書二十二章,與之同出,幸且無恙,而忍排詆之乎。今文與古異者,雖亦無幾,而辭乖義舛,謬爲標目,鄙淺特甚,大失先聖從容問答之旨,安可苟徇也。本朝列聖以孝治天下,篤生賢哲,大道昌明,獨於古文一書,知所崇尚,後生晚學敢不懋哉。〔註201〕

另一方面又提出個人看法:

> 今文天明之上不曰因,而曰則,因地之下不曰義,而曰利,失其旨矣。〔註202〕

錢時說本朝列聖獨知崇尚古文《孝經》,這是司馬光、范祖禹以來的影響,就連朱熹《刊誤》的對象,也是二十二章的古文本。宋儒相信孔壁古文,誠如司馬光所言,既然相信古文《尚書》,沒道理不相信古文《孝經》,不過後學採用古文,最主要的原因還是古文《孝經》比較合陸九淵的學說。今文「則天之明」,古文爲「因天之明」,因字更能表達順從本心的涵義;今文說「因地之利」,則完全違背陸九淵的義利之別,故錢時所論今文之失、古文之正,其實只是師門要旨的闡發。

〔註198〕〔宋〕陸九淵,鍾哲點校:〈語錄上〉,《陸九淵集》,頁415。
〔註199〕〔宋〕陸九淵,鍾哲點校:〈語錄下〉,《陸九淵集》,頁432。
〔註200〕〔宋〕楊簡:〈論孝經〉,《慈湖遺書》,卷12,頁3下～4上。
〔註201〕〔宋〕錢時:《融堂四書管見》,卷11,頁2。
〔註202〕〔宋〕錢時:《融堂四書管見》,卷11,頁14上。

二、朱熹對於陸學的批評

　　朱熹《孝經刊誤》與陸學對《孝經》闡發，完全是相反的對立，朱熹以懷疑為主而加以辨析，陸學則完全篤信而加以詮釋。經過上述的分析，陸學藉由《孝經》闡發本心的道理，此為道德實踐之總源，這種省心自信的察覺，不因為資稟智愚的差異，普遍存在於人身之中，陸九淵希望愚夫愚婦俱行此道，復返一個上古的淳美社會。

　　陸九淵常以孝悌論心的發用與圓滿，以此鼓勵學生要有本心的自立，〔註203〕加上本身對於出孝入悌的重視，陸九淵自己是這麼說的：

> 先生居象山，多告學者云：「汝耳自聰，目自明，事父自能孝，事兄
> 自能弟，本無少缺，不必他求，在乎自立而已？」學者於此亦多興
> 起。有立議論者，先生云：「此是虛說。」或云：「此是時文之見。」
> 〔註204〕

象山之學貴實踐，學者僅抓著孝悌的重視來「多興起」、「立議論」，對於陸九淵來說，這樣當然是「虛說」而無用。關於這類強調孝悌的言論，陸九淵曾說：

> 我只是不說一，若說一，公便愛。平常看人說甚事，只是隨他說，
> 卻只似簡東說西說底人。我不說一，楊敬仲說一，嘗與敬仲說箴它。
> 〔註205〕

楊簡所說的「一」的全體，是楊簡學說的一大特色，此孝心體悟全體的言論，雖說是陸學的一大宗旨，但陸九淵害怕此等流於空談，因此告誡楊簡要改正這個毛病。陸九淵強調自己《孝經》的道理是：

> 「事父孝，故事天明，事母孝，故事地察」，是學已到田地，自然如
> 此，非是欲去明此而察此也。「明於庶物，察於人倫」亦然。〔註206〕

陸九淵絕對不是叫人不去讀書，相反地，他所闡發的《孝經》是要展現學問的極致，從孝悌開始，提昇到名察天地的層次，這才是《孝經》所說的天地之孝。陸九淵說他的堯、舜理想是：

> 聖人教人，只是就人日用處開端。如孟子言徐行後長，可為堯、舜。
> 不成在長者後行，便是堯、舜？怎生做得堯、舜樣事，須是就上面

〔註203〕〔宋〕陸九淵：〈語錄上〉，《陸九淵集》，頁399。
〔註204〕〔宋〕陸九淵：〈語錄上〉，《陸九淵集》，頁408。
〔註205〕〔宋〕陸九淵：〈語錄下〉，《陸九淵集》，頁459。
〔註206〕〔宋〕陸九淵：〈語錄下〉，《陸九淵集》，頁474。

着功夫。聖人所謂吾無隱乎爾，誰能不出由戶，直截是如此。〔註207〕

行爲實踐不是一味的跟隨而已，成聖之學不只是「察此理」，更要緊的是能「明此心」，沒有自立本心的實踐，都稱不上是眞正的道德。不過陸九淵雖以孝悌爲始，但仍強調學習的成長，當然這種學習不只是經籍知識上的考索，更重要的是有「徐行」的領會，這是陸學下學上達，走向閨門之外的理想。

如同王安石的情形，朱熹不以《孝經》作爲學術主體，並不代表朱熹忽視孝德，朱熹云：

> 觀古今聖賢立言垂訓，亦未始不以孝弟忠信、收斂身心爲先務，然後即吾日用之間，參以往訓之指，反覆推窮，以求其理之所在。〔註208〕

> 夫學問，豈以他求，不過欲明此理而力行之耳。但其功夫所施有序，而莫不以愛親敬長爲先，非謂學問自是一事，可以置之度外，而姑從事於孝友之實也。故熹願昆仲相與深察此意，而講於所謂學問之大端者，以求孝弟之實，則閨門之內，倫理益正，恩義益篤，將有不期然而然者矣。〔註209〕

孝悌是收斂身心的先務，他與陸九淵都重視人倫日用的履踐，都以此作爲道德功夫的修養功課，同時希望「閨門之內，倫理益正」，這幾乎是古文《孝經》〈閨門章〉的具體展現。朱門弟子又問：

> 問：「『君子務本』，注云：『凡事專用力於根本。』如此，則『孝弟爲仁之本』，乃是舉其一端而言？」曰：「否。本是說孝弟，上面『務本』，是且引來。上面且泛言，下面是收入來說。」曰：「君臣父子夫婦兄弟皆是本否？」曰：「孝弟較親切。『於親孝，故忠可移於君；事兄弟，故順可移於長』，便是本。」〔註210〕

弟子問《論語》有子所說孝悌爲仁之本，是不是舉諸德一端而言。朱熹認爲不是，朱熹以《孝經》移孝作忠來說明，忠孝二德可以說是兩端，但掌握了根本，就可以貫通忠孝二德，掌握了本，就能有諸德之用，此論儼然有陸學論孝悌一貫的特色。

〔註207〕　〔宋〕陸九淵：〈語錄下〉，《陸九淵集》，頁432。
〔註208〕　〔宋〕朱熹，陳俊民等校訂：〈答曾景建一〉，《朱子文集》，第6冊，頁3052。
〔註209〕　〔宋〕朱熹，陳俊民等校訂：〈答郭希呂三〉，《朱子文集》，第6冊，頁2579。
〔註210〕　〔宋〕黎靖德編，王星賢點校：《朱子語類》，第2冊，頁460。

　　關於《論語》此章的解釋，朱熹接受二程的看法。程顥認為：「『孝弟也者，其為仁之本與！』言為仁之本，非仁之本也。」〔註211〕程頤也說：「行仁自孝弟始。蓋孝弟是仁之一事，謂之行仁之本則可，謂之是仁之本則不可。」〔註212〕有子取出孝悌，只是以人倫日用最常見、最親愛者來作比喻，若論根本，仁才是道德的本體，〔註213〕孝悌是為仁、是體的發用，仁孝之間是一組體用關係。

　　事實上，二程曾認為王祥孝感事可稱為神明之理的感通，〔註214〕此論極似楊簡。再考語錄，程顥曾闡發孟子「事親為事之本」，推闡孝德可知為仁之本；〔註215〕程頤則懷疑曾子在處事上仍有不圓滿處，這點曾子不如帝舜，〔註216〕此即劉炫、唐太宗的曾子駑鈍論。比較二程，程顥的孝論接近陸九淵的說法，不過整體而言，他們都認為有子所說的本是仁體，孝是為仁的發用之一，可以掌握諸德的是仁的本體，並不是孝德就可一貫而無殊。仁在朱學之中，實居於理論的優先性。朱熹又說明：

> 「仁便是本，仁更無本了。若說孝弟是仁之本，則是頭上安頭，以腳為頭，伊川所以將『為』字屬『行』字讀。蓋孝弟是仁裏面發出來底。『性中只有箇仁義禮智，何嘗有箇孝弟來？』它所以恁地說時，緣是這四者是本，發出來卻有許多事；千條萬緒，皆只是從這四箇物事面發出來。……行仁須是從孝弟裏面過，方始到那第二箇第三箇塘子。……。」……顯道云：「江西之學，大要也是以行己為先。」先生曰：「如孝弟等事數件合先做底，也易曉；夫子也只略略說過。如孝弟、謹信、汎愛、親仁，也只一處恁地說。若是後面許多合理會處，須是從講學中來。不然，為一鄉善士則可；若欲理會得為人許多事，則難。」〔註217〕

仁是性體，它包含了孝悌忠禮智諸德，孝則是「為」，屬於「行」的層次，理論之上，孝德之理只是全體之一，因此不可以把孝置於仁之前，如此便是「頭上安頭，以腳為頭」。

〔註211〕〔宋〕程顥、程頤：《二程集》，上冊，頁125。
〔註212〕〔宋〕程顥、程頤：《二程集》，上冊，頁183。
〔註213〕〔宋〕程顥、程頤：《二程集》，上冊，頁395。
〔註214〕〔宋〕程顥、程頤：《二程集》，上冊，頁70。
〔註215〕〔宋〕程顥、程頤：《二程集》，上冊，頁378。
〔註216〕〔宋〕程顥、程頤：《二程集》，上冊，頁309～310。
〔註217〕〔宋〕黎靖德編，王星賢點校：《朱子語類》，第7冊，頁2870～2871。

　　據朱熹泛論孝德可知，朱、陸之學似有相同處，孝都是實踐行爲的基始，是人倫日用的最親切處，因此有學生詢問朱熹，這是否就是朱、陸之學的相同處。不過在仁孝的體用理論中，孝是拿來比喻日常親切的「第一箇塘子」，朱熹強調道德實踐與學問有一個「次序」，還有第二個、第三個塘子，也就是孝以外的忠禮智諸德，朱熹說的數個的塘子，就是有待琢磨的分殊之理，因此需要「講於所謂學問之大端」，以此明白性理之全體。朱熹又用《孝經》來作說明：

> 如冬溫夏凊爲孝，人能冬溫夏凊，這便是孝。至如子從父之令，本似孝，孔子卻以爲不孝。與其得罪於鄉閭，不若且諫父之過，使不陷於不義，這處方是孝。〔註218〕

這可參照朱熹的小學觀：

> 古者初年入小學，只是教之以事，如禮樂射御書數及孝弟忠信之事。自十六七入大學，然後教之以理，如致知、格物及所以爲忠信孝弟者。〔註219〕

> 自昔聖賢教人之法，莫不使之以孝弟忠信、莊敬持養爲下學之本，而後博觀眾理，近思密察，因踐履之實，以致其知。〔註220〕

《孝經》在當時已是小學類的童蒙書籍，孝爲行的層次，自然是「教之以事」處。朱熹認爲「由之而不知，不害其爲循理」，〔註221〕小學階段仍懵懂無知，談不上什麼高深的道理，孩童雖然不知道孝德有什麼更深刻的道理，但這不妨礙他們去事親行孝，雖然性理不明，但孩童依舊可以遵守道德的規範，做出合宜的行爲。此等小學觀中，《孝經》可說是教事實踐之書，談不上高深的道理，更重要的是進入大學，明白孝之所以爲孝的孝理。再以《孝經》的諫諍思想論之，如果只會實踐，不明白其他更重要的道理，要如何了解父母是「不義」的呢？要如何規勸上位者，發揮諫諍的道理呢？因此，博學審問十分重要，若不能有道問學，不能明白更深層的孝理，對於朱熹來說，陸九淵的重孝理論，只侷限於小學階段的處事之學。朱熹又說：

> 若只守箇些子，捉定在那裏，把許多都做閑事，便都無事了。如此只理會得門內事，門外事便了不得。所以聖人教人要博學（原注：

〔註218〕〔宋〕黎靖德編，王星賢點校：《朱子語類》，第 1 冊，頁 263。
〔註219〕〔宋〕黎靖德編，王星賢點校：《朱子語類》，第 1 冊，頁 124。
〔註220〕〔宋〕朱熹，陳俊民等校訂：〈答林謙之〉，《朱子文集》，第 4 冊，頁 1584。
〔註221〕〔宋〕朱熹，陳俊民等校訂：〈答范伯崇一〉，《朱子文集》，第 4 冊，頁 1663。

　　二字力說）！須是「博學之、審問之、慎思之、明辨之、篤行之」。
〔註222〕
孝悌是全體功夫最起始，是極重要的一端，但不可「止此一事便了」。〔註223〕
朱熹認為，江西之學只是闡明下學，而不教人明白其他事理，這樣就局限在
家庭之內，但是為了平天下的理想，需要群體政治之事理，它包括了典章制
度等門外的道理，陸學雖可修身齊家，但不能治國平天下，若要走出門外，
進於大學，必需要有窮理的功夫。

〔註222〕〔宋〕黎靖德編，王星賢點校：《朱子語類》，第 7 冊，頁 2831。
〔註223〕朱熹又說：「蓋人心有全體運用，故學問有全體工夫，所謂孝弟，乃全體中之
　　　　一事，但比他事為至大而最急耳，固不可謂學者止此一事便了，而其餘事可
　　　　一切棄置而不問也。」見〔宋〕朱熹，陳俊民等校訂：〈答郭希呂四〉，《朱子
　　　　文集》，第 6 冊，頁 2580。

第七章　結　論

　　本文以由漢至宋的《孝經》學爲主軸，故朱熹對元代的影響不在研究範圍之內。雖然如此，透過清儒以來的檢討，《刊誤》所引發的考證問題，已經有較爲可靠的判斷。除此之外，廖平對漢代《孝經》今古學的解說，以至於魏、晉、六朝《孝經》學之見解，已經有進一步的辨析與拓展，故於先秦、兩漢、魏、晉六朝《孝經》之相關問題，將以三種判斷作爲結論，同時藉由本文研究成果的整理，呈現由漢至宋，《孝經》與《孝經》學史的簡要風貌。

一、《孝經》是先秦文獻

　　孔、曾著作的舊說，與《孝經》內容有潛在矛盾。以經文的稱謂爲例，《孝經》不宜稱師字號，而轉稱生爲子，同時《孝經》爲孔、曾對話之語錄，顯然出自第三者的紀錄，不是孔子或曾子的個人著作。經文與舊說的不合，引發宋儒對於《孝經》的懷疑，而宋代以來的考證方法，可略分爲文獻對照、引《詩》體例與思想概念的比較三種。《孝經》、《左傳》有內容上之相似，由於詮釋角度的不同，兩書之間有抄襲或是申述的雙重可能，然從兩書之間的文獻分析，尚不足以判斷其時代。引《詩》體例是較爲客觀的判斷方式，《孝經》與《禮記》、《荀子》引《詩》的特色相同，《禮記》、《荀子》兩種，又以《荀子》時代較明確清楚。據楚簡本〈緇衣〉可知，《禮記》並非漢儒所造，《孝經》的引《詩》體例，是先秦時代特色，楚簡的時代與荀子相同，甚至可能上及孟子晚年，如根據體例來判斷時代，《孝經》應與荀子相近，且有再向上溯源的可能。

　　關於《孝經》思想的歸屬，以曾、孟二系說法最多。曾子一系有大戴《禮

記》中十篇可供比較。《孝經》與此十篇對身體、孝道、忠孝與諫諍的看法相
同，舊說以《孝經》爲曾子所著，實非虛論，然而《曾子》十篇有戰國中後
期的特色，不宜有過早的推論。孟子一系的主張爲晚近所興，孟子、《孝經》
都以服儀、言論、行爲強調法先王的概念，論述都見天子至於庶人的五種等
第，同時孟子大孝的概念，已經有《孝經》孝治思想的雛型。不過如取先秦
諸子略加比較，《孝經》以儒家爲根柢，又吸收墨、道學說內容，考慮綜合各
家的可能時代，應以戰國中後期較爲合理。至於《孝經》時代的下限，韓非
對當時孝論的批評，可能已包含《孝經》的思想內容。姚際恆等認爲《呂氏
春秋》引《孝經》乃注文誤入，比對高誘的訓詁體式，此說並不合理。綜合
《韓非子》的批評與《呂氏春秋》的徵引，《孝經》應爲先秦文獻。

二、讖緯是漢代《孝經》學的主要內容

　　廖平以許愼《五經異義》論漢代有今學派之「今《孝經說》」與古學派之
「古《孝經說》」，然而漢儒所稱之「《孝經說》」，實爲《孝經》緯之代稱，與
廖平所謂的今古之學無關。脫離秦代法家的籠罩，漢初儒者立即以《孝經》
作爲論述的根源之一，配合取士制度的發展，《孝經》在學術思想裏恢復活力，
又以《孝經》建立相關禮制，然而吸引皇帝遵照《孝經》行禮的動力，源於
《孝經》緯的長生之說。西漢學者的《孝經》詮釋，已與讖緯說法的主題相
同。到了東漢，《孝經》緯是學者最常徵引的《孝經》說法，又衍生出感通神
明、吉凶福應、驅除厲鬼的神秘說法，經過鄭玄的吸收，《孝經》讖緯除了是
兩漢《孝經》學的主要內容，更是相關禮制的主流解釋。

三、自然與名教之溝通是魏晉六朝詮釋《孝經》的主要方向

　　門第需要以《孝經》來維持家族內的禮教，不過孝除了家庭之內的人倫
道德，早於漢初之時，孝德就是政權合理的關鍵說法。司馬家以孝名篡奪曹
魏，自稱孝治天下，即是《孝經》在政治領域的最大發用。晉武帝又恢復《孝
經》的取士標準，基於門第、政治、取士等理由，魏、晉、六朝實爲《孝經》
學的興盛時期。愛敬問題是時人詮釋的新方向。儒家強調父敬之說，相對於
此的母性慈愛，則被評爲禽獸般的次等，不能負擔教導禮義的責任。然而在
王弼等人的詮釋之下，慈愛的面向最接近於自然，於是有了先愛後敬，以愛
爲尚的《孝經》新詮釋。母愛之自然，與父敬所蘊含的禮義名教，是《孝經》

解說的兩項對比。另一方面，自然與名教之溝通，是講談名士的主要論題，母愛、父敬之中，父敬除了有名教的內涵，又有自然之天屬，《孝經》所代表的君臣父子倫理，重新成為自然、名教的溝通利器，《孝經》可為名教之極。

四、唐宋《孝經》學的轉折

（一）唐代詮釋的繼承與轉變

唐禮依兩晉以來慣例，於釋奠之時講論《孝經》，視《孝經》為儒家學說的代表作品。唐代繼承了魏、晉、六朝重視《孝經》的風尚，在此繼承過程中，唐代的解釋又有新變。《孝經》的諫諍思想是對執政者的要求，但在鄭《注》的詮釋之下，「退思補過」一語，竟成了諫諍者自我反省之意。《孝經》對於諫諍的要求，在魏、晉、六朝沒有發揮太大的影響，甚至是被執政者所厭惡，但經過唐太宗的努力，《孝經》蘊含的諫諍思想，成為貞觀之治的代表內容。《孝經》學上的見解，唐太宗接受劉炫等的曾子駑鈍說，劉炫對於孔子作《孝經》的特殊詮釋，成為官定《注》、《疏》的標準說法；另一方面，唐玄宗接受了梁武帝對階級等第的批評，揚棄了項目式與災異式的思維。

（二）司馬光、范祖禹的古文《孝經》學

相較於唐儒，宋儒司馬光與范祖禹主張以古文《孝經》為是，其中的差異，為禮義之強調。司馬光以禮之興衰作為歷史治亂的標準，范祖禹更極力鼓吹《孝經》嚴分父子的繼承關係，他們看重〈閨門章〉對禮的標舉，強調父權的禮義政統。對於司馬光等人來說，《孝經》的帝王教育，象徵祖宗之法的追求，兼有保守理財觀念的顯露。

（三）兩宋《孝經》學的衰落

司馬光的鼓吹並沒有讓《孝經》在宋代產生多大影響，相反地，從歐陽脩開始，學者有意識的檢討經典內容的各項說法，就連司馬光自己，也不能單純相信《史》、《漢》舊說。事實上，從唐儒議禮之時，《孝經》舊說就開始鬆動，鄭玄與讖緯所代表的感生帝說，先是與王肅並列，之後又以王肅禮為主，這代表唐儒已經不信《孝經》讖緯，讖緯不再是《孝經》學與相關禮制的重要內容。宋儒又繼承唐儒對《孝經》相關禮制的解說，同時發現《孝經》不適合作通行禮意的根據，學者於是反過來對《孝經》產生懷疑。除了禮議學說內在理路的挑戰，在新學術的建構中，王安石拋棄了《孝經》。探究王安

石的想法，《孝經》的義理不如《孟子》深刻，孝與《孝經》不能體現天道的價值。但是王安石並非完全忽略《孝經》，他對《孝經》有專門研究，其中解說也值得後人參考。

由於《孝經》與相關禮制的解說，具有不少可疑之處，加上外在政策的驅使，《孝經》很快便成爲宋高宗所說的蒙書。以胡寅爲代表的學者，紛紛對《孝經》的可疑，提出更爲具體的說法。朱熹接受上述意見，佐之以個人學說的影響力，《孝經刊誤》遂成爲宋代《孝經》學的代表著作，開啓以考證爲主的《孝經》研究。在此忽視、斥僞的風氣之中，陸九淵是異於潮流的《孝經》研究者，他能如此篤信《孝經》一書，有陸氏家族的背景。《孝經》是陸九淵思想的根源之一，開創出心學詮釋的方向，但總體而言，《孝經》衰落的方向已經無可挽回。

參考書目

一、**傳統文獻**（依《四庫提要》分類排序）

（一）經　部

易類

1. 〔漢〕鄭玄注：《易緯稽覽圖》（北京：中華書局，1991 年，叢書集成初編第 689 冊影印乾隆武英殿聚珍版叢書本）。

2. 〔唐〕李鼎祚輯，〔清〕李道平疏，潘雨廷點校：《周易集解纂疏》（北京：中華書局，1994 年 3 月）。

3. 〔宋〕朱熹：《周易本義》（臺北：大安出版社，1999 年 7 月）。

書類

1. 〔清〕皮錫瑞：《尚書大傳疏證》（上海：上海古籍出版社，2002 年，續修四庫全書第 55 冊影印光緒 22 年師伏堂叢書本）。

詩類

1. 〔宋〕歐陽脩：《詩本義》（臺北：臺灣商務印書館，1966 年，四部叢刊續編經部第 6 冊）。

2. 〔宋〕李樗、黃櫄：《毛詩集解》（臺北：漢京文化事業有限公司，1985 年，通志堂經解第 16 冊）。

3. 〔宋〕楊簡：《慈湖詩傳》（臺北：新文豐出版公司，1989 年，叢書集成續編第 106 冊影印民國張壽鏞四明叢書本）。

禮類

1. 〔漢〕鄭注，〔唐〕賈公彥疏：《周禮注疏》（臺北：藝文印書館，2001 年，影印嘉慶二十年江西南昌府學十三經注疏阮刻本）。

2. 〔漢〕鄭玄注，〔唐〕孔穎達疏：《禮記注疏》（臺北：藝文印書館，2001年，影印嘉慶二十年江西南昌府學十三經注疏阮刻本）。

3. 〔宋〕王安石：《周官新義》（臺北：臺灣商務印書館，1975年，四庫全書珍本別輯第26冊）。

4. 〔清〕姚際恆：《禮記通論輯本》，收入《姚際恆著作集》（臺北：中央研究院中國文哲研究所，1994年6月），第2冊。

5. 〔清〕孫希旦：《禮記集解》（臺北：文史哲出版社，1990年8月）。

6. 〔清〕王聘珍：《大戴禮記解詁》（臺北：文史哲出版社，1986年4月）。

7. 〔唐〕王涇：《大唐郊祀錄》（上海：上海古籍出版社，1995年，續修四庫全書第821冊影印民初張鈞衡適園叢書本）。

8. 〔宋〕蘇洵等：《太常因革禮》（臺北：藝文印書館，1964年，百部叢書集成第1321冊影印清光緒廣雅書局史學叢書本）。

9. 〔宋〕陳祥道：《禮書》（臺北：臺灣商務印書館，1974年，四庫全書珍本第五集第28冊）。

春秋類

1. 〔晉〕杜預注，〔唐〕孔穎達疏：《左傳注疏》（臺北：藝文印書館，2001年，影印嘉慶二十年江西南昌府學十三經注疏阮刻本）。

2. 〔漢〕何休注，舊題徐彥疏：《公羊傳注疏》（臺北：藝文印書館，2001年，影印嘉慶二十年江西南昌府學十三經注疏阮刻本）。

3. 〔漢〕董仲舒，〔清〕蘇興：《春秋繁露義證》（北京：中華書局，1992年12月）。

孝經類

1. 舊題〔漢〕孔安國：《古文孝經孔氏傳》（臺北：藝文印書館，1966年，百部叢書集成影印清乾隆知不足齋叢書據日本太宰純刻本）。

2. 唐玄宗注：《覆卷子本唐開元御注孝經》（臺北：藝文印書館，1965年，百部叢書集成第1109冊影印光緒黎庶昌校刊古逸叢書本）。

3. 唐玄宗注，〔宋〕邢昺疏：《孝經注疏》（臺北：藝文印書館，2001年，影印嘉慶二十年江西南昌府學十三經注疏阮刻本）。

4. 〔宋〕司馬光：《古文孝經指解》，收入《孝經注解》（臺北：漢京文化事業有限公司，1985年，通志堂經解第35冊）。

5. 〔宋〕范祖禹：《古文孝經說》，收入《孝經注解》（臺北：漢京文化事業有限公司，1985年，通志堂經解第35冊）。

6. 〔宋〕朱熹：《孝經刊誤》，《朱文公文集》（臺北：臺灣商務印書館，1965年，四部叢刊初編集部縮印明嘉靖刊本）第59冊，卷66。

7. 〔明〕朱鴻：《孝經質疑》，收入《孝經總類》（上海：上海古籍出版社，

1995 年，續修四庫全書影印北京圖書館藏明抄本）第 151 冊。

8. 〔明〕呂維祺：《孝經大全》（上海：上海古籍出版社，1995 年，續修四庫全書第 151 冊影印康熙二年呂兆璜刻本）。

9. 〔清〕毛奇齡：《孝經問》（臺北：藝文印書館，1965 年，皇清經解續編第 1 冊影印光緒年間南菁書院刊本）。

10. 〔清〕阮福：《孝經義疏補》（臺北：藝文印書館，1967 年，百部叢書集成第 675 冊影印嘉慶阮氏文選樓叢書本）。

11. 〔清〕皮錫瑞：《孝經鄭注疏》（西安：陝西人民出版社，2007 年，四部文明商周文明卷第 20 冊影印光緒年間皮氏師伏堂叢書本）。

五經總義類

1. 〔唐〕陸德明：《新校索引經典釋文》（臺北：學海出版社，1988 年，影印清康熙年間通志堂經解刻本）。

2. 〔宋〕錢時：《融堂四書管見》（臺北：臺灣商務印書館，1969 年，四庫全書珍本初集第 89 冊）。

3. 〔明〕孫瑴：《古微書》（臺北：商務印書館，1982 年，四庫全書珍本第十二集第 20 冊）。

4. 〔清〕余蕭客：《古經解鉤沈》（臺北：臺灣商務印書館，1974 年，四庫全書珍本第五集第 56 冊）。

5. 〔清〕臧琳：《經義雜記》（臺北：藝文印書館，1970 年，叢書集成續編影印清嘉慶年間拜經堂叢書本）。

6. 〔清〕孫詒讓：《籀𢝭述林》（北京：學苑出版社，2005 年，《清代學術筆記叢刊》第 65 冊影印民國五年刊本）。

7. 〔清〕鄭珍，王鍈等點校：《鄭珍集·經學》（貴陽：貴州人民出版社，1991 年 1 月）。

四書類

1. 〔梁〕皇侃：《論語集成義疏》（臺北：廣文書局，1968 年，影印乾嘉年間鮑廷博知不足齋叢書本）。

2. 〔宋〕朱熹：《論語精義》（京都：中文出版社，1977 年，和刻影印近世漢籍叢刊思想三編影印十八世紀和刻本）。

3. 〔宋〕朱熹：《四書章句集注》（臺北：大安出版社，1999 年 12 月）。

4. 〔清〕焦循：《論語補疏》（臺北：復興書局，1972 年，皇清經解第 16 冊）。

5. 〔清〕宋翔鳳：《論語說義》（臺北：藝文印書館，1965 年，皇清經解續編第 6 冊影印光緒年間南菁書院刊本）。

6. 〔清〕焦循，沈文倬點校：《孟子正義》（北京：中華書局，1987 年 10

月）。

小學類

1. 〔漢〕許慎，〔清〕段玉裁：《説文解字注》（臺北：洪葉文化事業有限公司，1998 年 10 月）。

2. 〔漢〕劉熙，〔清〕王先謙校勘補疏：《釋名疏證補》（臺北：臺灣商務印書館，1968 年 6 月，國學基本叢書影印光緒年間刻本）。

3. 〔宋〕夏竦：《古文四聲韻》（臺北：臺灣商務印書館，1981 年，四庫全書珍本第十一集）。

4. 〔宋〕洪适：《釋隸》（臺北：臺灣商務印書館，1966 年，石刻史料叢書第 1 冊影印乾隆汪日秀樓松書屋刻本）。

5. 〔清〕戴震：《方言疏證》，收入《戴震全書》（合肥：黃山書社，1994 年 7 月）第 5 冊。

（二）史　部

正史類

1. 〔漢〕司馬遷：《史記》（北京：中華書局，1982 年 11 月）。

2. 〔清〕梁玉繩：《史記志疑》（北京：中華書局，1981 年 4 月）。

3. 〔漢〕班固：《漢書》（北京：中華書局，1962 年 6 月）。

4. 〔南朝宋〕范曄：《後漢書》（北京：中華書局，1965 年 5 月）。

5. 〔晉〕陳壽，趙幼文校箋：《三國志校箋》（成都：巴蜀書社，2001 年 6 月）。

6. 〔唐〕房玄齡：《晉書》（北京：中華書局，1974 年 11 月）。

7. 〔梁〕沈約：《宋書》（北京：中華書局，1974 年 10 月）。

8. 〔梁〕蕭子顯：《南齊書》（北京：中華書局，1972 年 1 月）。

9. 〔唐〕姚思廉：《梁書》（北京：中華書局，1973 年 5 月）。

10. 〔唐〕姚思廉：《陳書》（北京：中華書局，1972 年 3 月）。

11. 〔北魏〕魏收：《魏書》（北京：中華書局，1974 年 6 月）。

12. 〔唐〕李延壽：《南史》（北京：中華書局，1975 年 6 月）。

13. 〔唐〕李延壽：《北史》（北京：中華書局，1974 年 10 月）。

14. 〔唐〕魏徵、令狐德棻：《隋書》（北京：中華書局，1973 年 8 月）。

15. 〔後晉〕劉昫：《舊唐書》（北京：中華書局，1975 年 5 月）。

16. 〔宋〕歐陽脩、宋祁：《新唐書》（北京：中華書局，1975 年 2 月）。

17. 〔宋〕歐陽脩：《新五代史》（北京：中華書局，1974 年 12 月）。

18. 〔元〕脫脫：《宋史》（北京：中華書局，1977 年 11 月）。

編年類

1. 〔晉〕袁宏，張烈點校：《後漢紀》，《兩漢紀》（北京：中華書局，2002年6月），下冊。
2. 〔宋〕司馬光：《資治通鑑》（北京：中華書局，1956年6月）。
3. 〔宋〕李心傳：《建炎以來繫年要錄》（臺北：文海出版社，1968年，宋史資料粹編第二輯影印清光緒年間廣雅書局刻本）。
4. 〔宋〕徐夢莘：《三朝北盟會編》（臺北：文海出版社，1962年，影印清光緒年間越東集本）。
5. 〔宋〕李燾：《續資治通鑑長編》（北京：中華書局，2004年9月）。

記事本末類

1. 〔宋〕楊仲良：《資治通鑑長編記事本末》（臺北：文海出版社，1967年，宋史資料粹編第二輯影印光緒廣雅書局本）。

別史類

1. 〔周〕佚名，黃懷信、張懋鎔、田旭東：《逸周書彙校集注》（上海：上海古籍出版社，2007年3月）。
2. 〔宋〕羅泌：《路史》（臺北：臺灣商務印書館，1979年，四庫全書珍本第九集第108冊）。

雜史類

1. 〔吳〕韋昭注，徐元誥集解：《國語集解》（北京：中華書局，2002年6月）。
2. 〔漢〕劉向集錄：《戰國策》（上海：上海古籍出版社，1978年5月）。
3. 〔唐〕吳兢，謝保成集校：《貞觀政要集校》（北京：中華書局，2003年11月）。

詔令奏議類

1. 〔宋〕趙汝愚編：《宋朝諸臣奏議》（上海：上海古籍出版社，1999年12月）。

地理類

1. 〔明〕曹學佺：《蜀中廣記》（臺北：臺灣商務印書館，1969～1970年，四庫全書珍本初集第135冊）。

職官類

1. 〔唐〕李林甫：《唐六典》（北京：中華書局，1992年1月）。

政書類

1. 〔唐〕杜佑：《通典》（蘇州：古吳軒出版社，2004 年，隋唐文明影印咸豐九年崇仁謝氏刊本）。

2. 〔宋〕王溥：《唐會要》（上海：上海古籍出版社，2006 年 12 月）。

3. 〔清〕徐松輯：《宋會要輯稿‧崇儒》（開封：河南大學出版社，2001 年 9 月）。

目錄類

1. 〔宋〕晁公武，孫猛校證：《郡齋讀書志校證》（上海：上海古籍出版社，1990 年 10 月）。

2. 〔宋〕陳振孫，徐小蠻、顧美華點校：《直齋書錄解題》（上海：上海古籍出版社，1987 年 11 月）。

3. 〔宋〕王應麟：《漢書藝文志考證》（臺北：臺灣商務印書館，1986 年，文淵閣四庫全書）。

4. 〔元〕馬端臨：《新校本文獻通考‧經籍考》（臺北：新文豐出版公司，1986 年 9 月）。

5. 〔清〕永瑢等：《四庫全書總目提要》（臺北：臺灣商務印書館，1965 年 2 月，萬有文庫薈要本），第 7 冊。

6. 〔清〕王昶：《金石萃編》（臺北：藝文印書館，1966 年，石刻史料叢書影印嘉慶年間經訓堂本）。

7. 〔清〕杭世駿：《石經考異》（臺灣：臺灣商務印書館，1981 年，四庫全書珍本十一集第 402 冊）。

8. 〔清〕侯康：《補後漢書藝文志》（北京：北京出版社，2000 年，四庫未收書輯刊第 30 輯影印清光緒 17 年廣雅書局刻本）。

9. 〔清〕姚際恆：《古今偽書考》，收入《姚際恆著作集》（臺北：中央研究院中國文哲研究所，1994 年 6 月），第 5 冊。

10. 〔清〕朱彝尊，張廣慶等點校：《點校補正經義考》（臺北：中央研究院中國文哲研究所籌備處，1998 年 4 月）。

11. 中國社會科學院圖書館整理：《續修四庫全書總目提要‧經部》（北京：中華書局，1993 年 7 月），下冊。

史評類

1. 〔宋〕范祖禹：《唐鑒》（臺北：世界書局，1986 年，摛藻堂四庫全書薈要第 236 冊）。

2. 〔宋〕胡寅：《致堂讀史管見》（臺北：臺灣商務印書館，1981 年，影印清嘉慶阮元宛委別藏本）。

（三）子　部

儒家類

1. 〔周〕荀況，王天海校釋：《荀子校釋》（上海：上海古籍出版社，2005年12月）。

2. 〔漢〕陸賈，王利器校注：《新語校注》（北京：中華書局，1986年8月）。

3. 〔漢〕劉向，向宗魯校證：《說苑校證》（北京：中華書局，1987年7月）。

4. 〔漢〕劉向，閻振益、鍾夏校注：《新書校注》（北京：中華書局，2000年7月）。

5. 〔漢〕桓寬撰，王利器校注：《鹽鐵論校注》（北京：中華書局，1992年7月）。

6. 〔唐〕武則天：《臣軌》（臺北：臺灣商務印書館，1981年，影印清嘉慶阮元宛委。

7. 〔宋〕程顥、程頤：《二程集》（臺北：漢京文化事業有限公司，1983年9月）。

8. 〔宋〕司馬光：《家範》（臺北：臺灣商務印書館，1983年，文淵閣四庫全書第696冊）。

9. 〔宋〕陸九韶：《陸氏家制》（上海：上海古籍出版社，1995年，續修四庫全書第935冊影印清初刻本）。

10. 〔宋〕黎靖德編：《朱子語類》（北京：中華書局，1986年3月）。

11. 〔宋〕楊簡：《先聖大訓》（臺北：新文豐出版公司，1989年，叢書集成續編第40冊影印民國張壽鏞四明叢書本）。

12. 〔宋〕楊簡：《慈湖遺書》（臺北：新文豐出版公司，1989年，叢書集成續編第130冊影印民國張壽鏞四明叢書本）。

13. 〔宋〕黃震：《黃氏日抄》（臺北：大化書局，1984年，影印日本立命館大學圖書館藏清乾隆33年刊本）。

14. 〔清〕范家相：《家語證僞》（北京：北京圖書館出版社，1997年，續百子全書第三冊影印清光緒十五年會稽徐氏鑄學齋刻本）。

法家類

1. 黎翔鳳：《管子校注》（北京：中華書局，2004年6月）。

2. 蔣禮鴻：《商君書錐指》（北京：中華書局，1986年4月）。

3. 〔秦〕韓非，陳奇猷：《韓非子集釋》（上海：上海人民出版社，1974年1月）。

農家類

1. 〔後魏〕賈思勰：《齊民要術》（臺北：藝文印書館，1970年，四庫善本

叢書影印北宋天聖年間崇文院校本）。

雜家類

1. 〔周〕墨翟，〔清〕孫詒讓閒詁，孫以楷點校：《墨子閒詁》（北京：中華書局，1986 年 2 月）。

2. 〔周〕墨翟，王煥鑣集詁：《墨子集詁》（上海：上海古籍出版社，2005 年 4 月）。

3. 〔秦〕呂不韋，〔漢〕高誘注，王利器疏：《呂氏春秋注疏》（成都：巴蜀書社，2002 年 1 月）。

4. 〔漢〕班固編，〔清〕陳立疏證：《白虎通疏證》（北京：中華書局，1994 年 8 月）。

5. 〔漢〕王充，黃暉校釋：《論衡校釋》（北京：中華書局，1990 年 2 月）。

6. 〔漢〕應劭，王利器校注：《風俗通義校注》（北京：中華書局，1981 年 1 月）。

7. 梁元帝，許德平校注：《金樓子校注》（臺北：嘉新水泥公司文化基金會，1969 年 8 月）。

8. 〔唐〕魏徵編：《群書治要》（臺北：臺灣商務印書館，1965 年，四庫叢刊初編子部第 26 冊影印十八世紀日本尾張刊本）。

9. 〔宋〕晁説之：《晁氏客語》（臺北：藝文印書館，1965 年，百部叢書集成第 7 冊影印宋咸淳年間百川學海本）。

10. 〔宋〕王應麟，〔清〕翁元圻注：《翁注困學紀聞》（臺北：臺灣商務印書館，1956 年 4 月，國學基本叢書第 1 集第 14 種）。

11. 〔宋〕程大昌，張海鵬校訂：《演繁露》（北京：中華書局，1991 年，叢書集成初編第 294 冊）。

12. 〔明〕胡應麟：《少室山房筆叢》（臺北：世界書局，1963 年 4 月，讀書箚記叢刊第二集）。

13. 〔清〕陳澧：《東塾讀書記》（臺北：世界書局，1964 年，讀書箚記叢刊第 1 集第 5 冊影印光緒年間 15 卷原刻本，補入原題未成卷 13 西漢一卷）。

14. 〔清〕馬國翰輯：《玉函山房輯佚書》（濟南：山東大學出版社，山東文獻集成影印同治十年濟南皇華館書局補刻本）。

15. 〔清〕王仁俊輯：《玉函山房輯佚書續編三種》（上海：上海古籍出版社，1989 年 9 月，據上海圖書館藏光緒年間刊本影印）。

16. 〔清〕王鳴盛：《蛾術編》（北京：學苑出版社，2005 年，清代學術筆記叢刊第 19 冊影印道光 21 年吳江沈氏楷堂本）。

類書類

1. 〔晉〕張華，范寧校證：《博物志校證》（臺北：明文書局，1981 年 9 月）。

2. 〔唐〕徐堅:《初學記》(北京:中華書局,2004 年 2 月)。

3. 〔唐〕虞世南輯:《北堂書鈔》(上海:上海古籍出版社,1995 年,續修四庫全書影印光緒萬卷堂刻本)。

4. 〔唐〕歐陽詢撰,汪紹楹校:《藝文類聚》(上海:上海古籍出版社,2007 年 8 月)。

5. 〔唐〕白居易撰:《白氏六帖事類集》(臺北:新興書局,1969 年,影印傅增湘藏南宋紹興年間刊本)。

6. 〔宋〕李昉等編:《太平御覽》(臺北:臺灣商務印書館,1968 年,四部叢刊三編影印日本藏南宋蜀刊本)。

7. 〔宋〕王應麟:《玉海》(臺北:華文書局,1964 年,影印元至元三年慶元路儒學刊本)。

小說家類

1. 〔晉〕干寶,李劍國輯校:《新輯搜神記》(北京:中華書局,2007 年 3 月)。

2. 〔宋〕田況:《儒林公議》(臺北:藝文印書館,1965 年,百部叢書集成影印明。

3. 〔宋〕范鎮,汝沛點校:《東齋記事》(北京:中華書局,1980 年 2 月)。萬曆年間稗海本)。

4. 〔宋〕王明清:《揮麈錄》(上海:上海書局出版社,2001 年 8 月)。

釋家類

1. 〔梁〕釋僧祐編:《弘明集》(臺北:臺灣商務印書館,1965 年,四部叢刊初編子部第 28 冊影印明刊本)。

2. 〔唐〕釋道宣編:《廣弘明集》(臺北:臺灣商務印書館,1965 年,四部叢刊初編子部第 28 冊影印明刊本)。

道家類

1. 〔魏〕王弼等:《老子四種》(臺北:大安出版社,1999 年 2 月)。

2. 〔清〕郭慶藩:《莊子集釋》(臺北:頂淵文化事業有限公司,2001 年 12 月)。

3. 〔漢〕劉安編,何寧:《淮南子集釋》(北京:中華書局,1998 年 10 月),下冊,頁 1270。

4. 王明:《太平經合校》(北京:中華書局,1960 年 2 月)。

5. 〔明〕焦竑輯:《老子翼》(臺北:藝文印書館,1970 年,百部叢書集成第 1171 冊影印光緒袁昶漸西村舍彙刊本)。

（四）集 部

1. 〔清〕董誥等編，孫映逵等點校：《全唐文》（太原：山西教育出版社，2002 年 12 月）。

2. 曾棗莊、劉琳主編：《全宋文》（上海：上海辭書出版社，2006 年 8 月）。

3. 唐太宗，吳雲、冀宇校注：《唐太宗全集校注》（天津：天津古籍出版社，2004 年 2 月）。

4. 〔唐〕李白，〔清〕王琦注：《李太白全集》（北京：中華書局，1977 年 9 月）。

5. 〔唐〕韓愈，羅聯添編：《韓愈古文校注彙輯》（臺北：國立編譯館，1993 年 6 月）。

6. 〔宋〕韓琦，李之亮，徐正英箋注：《安陽集編年箋注》（成都：巴蜀書社，2000 年 10 月）。

7. 〔宋〕范仲淹，李勇先，王蓉貴點校：《范仲淹全集》（成都：四川大學出版社，2002 年 9 月）。

8. 〔宋〕蔡襄，吳以寧點校：《蔡襄集》（上海：上海古籍出版社，1996 年 8 月）。

9. 〔宋〕劉敞：《公是集》（臺北：臺灣商務印書館，1975 年，四庫全書珍本別輯第 267 冊）。

10. 〔宋〕李覯：《李覯集》（臺北：漢京文化事業有限公司，1983 年 10 月）。

11. 〔宋〕歐陽脩：《歐陽修全集》（北京：中華書局，2001 年 3 月）。

12. 〔宋〕司馬光：《溫國文正司馬公集》（臺北：臺灣商務印書館，1965 年，四部叢刊初編第 46 冊影印常熟瞿氏藏宋紹興本）。

13. 〔宋〕王安石，〔宋〕李壁注：《箋註王荊文公詩》（臺北：廣文書局，1950 年，影印元大德年間刊本）。

14. 〔宋〕王安石，李之亮箋注：《王荊公文集箋注》（成都：巴蜀書社，2005 年 5 月）。

15. 〔宋〕蘇軾，〔清〕馮應榴輯注，黃任軻、朱懷春點校：《蘇軾詩集合注》（上海：上海古籍出版社，2001 年 6 月）。

16. 〔宋〕范祖禹：《范太史集》（臺北：臺灣商務印書館，1969～1970 年，四庫全書珍本初集第 248 冊）。

17. 〔宋〕晁說之：《嵩山文集》（臺北：臺灣商務印書館，1966 年，四部叢刊續編集部影印上海涵芬樓藏南宋乾道三年抄本）。

18. 〔宋〕趙蕃：《淳熙稿》（臺北：臺灣商務印書館，1975 年，文淵閣四庫全書第 1155 冊）。

19. 〔宋〕胡寅：《斐然集》（臺北：臺灣商務印書館，1969 年，四庫全書珍

本初集第 292 冊）。

20. 〔宋〕朱熹，陳俊民等校訂：《朱子文集》（臺北：富德文教基金會，1990年 2 月）。

21. 〔宋〕陸九淵，鍾哲點校：《陸九淵集》（北京：中華書局，1980 年 1 月）。

22. 〔宋〕袁燮：《絜齋集》（臺北：臺灣商務印書館，1975 年，文淵閣四庫全書第 1157 冊）。

23. 〔宋〕孫應時：《燭湖集》（臺北：臺灣商務印書館，1975 年，文淵閣四庫全書第 1166 冊）。

24. 〔宋〕樓鑰：《攻媿集》（臺北：臺灣商務印書館，1979 年，四部叢刊初編第 62 冊影印武英殿聚珍本）。

25. 〔宋〕陳埴：《木鐘集》（臺北：臺灣商務印書館，1973 年，四庫全書珍本第四集第 126 冊）。

26. 〔清〕全祖望，朱鑄禹彙校集注：《全祖望集彙校集注》（上海：上海古籍出版社，2000 年 12 月）。

27. 〔清〕姚鼐：《惜抱軒文集》（臺北：臺灣商務印書館，1979 年，四部叢刊正編影印嘉慶年間上海涵芬樓原刊本）。

28. 〔清〕阮元：《揅經室集》（北京：中華書局，1993 年 5 月）。

二、近人論著（依作者姓氏排序）

（一）論著專書

1. 丁原植：《〈文子〉資料探索》（臺北：萬卷樓圖書有限公司，1999 年 9 月）。

2. 丁原植：《文子新論》（臺北：萬卷樓圖書有限公司，1999 年 10 月）。

3. 刁忠民：《宋代臺諫制度研究》（成都：巴蜀書社，1999 年 5 月）。

4. 于省吾：《雙劍誃尚書新證》，收入《雙劍誃群經新證、雙劍誃諸子新證》（上海：上海書店出版社，1999 年 4 月）。

5. 中村璋八：《五行大義校註》（東京：汲古書院，1998 年 10 月）。

6. 王國維，彭林整理：《觀堂集林（外兩種）》（石家莊：河北教育出版社，2001 年 6 月）。

7. 王葆玹：《今古文經學新論》（北京：中國社會科學出版社，1997 年 11 月）。

8. 王夢鷗：《鄒衍遺說考》（臺北：臺灣商務印書館，1966 年 3 月）。

9. 田浩：《朱熹的思維世界》（臺北：允晨文化實業股份有限公司，2008 年 3 月）。

10. 皮錫瑞，周予同注：《增註經學歷史》（臺北：藝文印書館，2004 年 3 月）。

11. 皮錫瑞：《經學通論》（北京：中華書局，1954 年 10 月）。

12. 吉川忠夫：《六朝精神史研究》（京都：同朋舍，1984 年 2 月）。

13. 安作璋、熊鐵基：《秦漢官制史稿》（濟南：齊魯書社，2007 年 1 月）。

14. 寺地遵，劉靜貞、李今芸譯：《南宋初期政治史研究》（臺北：稻禾出版社，1995 年 7 月）。

15. 朱嵐：《中國傳統孝道的歷史考察》（臺北：蘭臺網路出版商務股份有限公司，2003）。

16. 牟宗三：《從陸象山到劉蕺山》（臺北：臺灣學生書局，2000 年 5 月）。

17. 佐藤廣之，江俠菴譯：《先秦經籍考》（臺北：河洛圖書出版社，1975 年 5 月）。

18. 吳承仕：《經典釋文序錄疏證》（北京：中華書局，1984 年 3 月）。

19. 呂凱：《鄭玄之讖緯學》（臺北：臺灣商務印書館，1982 年 5 月）。

20. 李零：《郭店楚簡校讀記》（北京：中國人民大學出版社，2007 年 8 月）。

21. 李祥俊：《王安石學術思想研究》（北京：北京師範大學出版社，2000 年 11 月）。

22. 李漢三：《先秦兩漢之陰陽五行學說》（臺北：維新書局，1968 年 1 月）。

23. 李燿仙主編：《廖平選集》（成都：巴蜀書社，1998 年 7 月）。

24. 周何：《春秋吉禮考辨》（臺北：嘉新水泥公司文化基金會，1960 年 10 月）。

25. 周予同：《經今古文學》，收入《周予同經學史論著選集》（上海：上海人民出版社，1996 年 7 月）。

26. 周予同：《羣經概論》（臺北：臺灣商務印書館，1997 年 1 月）。

27. 屈萬里：《先秦文史資料考辨》（臺北：聯經出版事業公司，1983 年 2 月）。

28. 屈萬里：《尚書集釋》（臺北：聯經出版事業股份有限公司，1983 年 9 月）。

29. 林安弘：《儒家孝道思想研究》（臺北：文津出版社，1992 年 11 月）。

30. 林秀一：《孝經述議復原に關する研究》（東京：林先生學位論文出版紀念會，1953 年 7 月）。

31. 林素英：《古代祭禮中之政教觀──以〈禮記〉成書前爲論》（臺北：文津出版社有限公司，1997 年 9 月）。

32. 林聰舜：《西漢前期思想與法家的關係》（臺北：大安出版社，1991 年 4 月）。

33. 金谷治：《唐抄本鄭氏注論語集成》（東京：平凡社，1978 年 5 月）。

34. 金春峰：《漢代思想史》（北京：中國社會科學出版社，2006 年 2 月）。

35. 侯外盧等：《宋明理學史》（北京：人民出版社，1997 年 10 月）。

36. 洪湛侯：《詩經學史》（北京：中華書局，2002 年 5 月）。

37. 胡平生：《孝經譯注》（北京：中華書局，1996 年 8 月）。

38. 孫筱：《兩漢經學與社會》（北京：中國社會科學出版社，2002 年 10 月）。

39. 徐洪興：《思想的轉型——理學發生過程研究》（上海：上海人民出版社，1996 年 12 月）。

40. 徐復觀：《中國經學史的基礎》，《徐復觀論經學史兩種》（上海：上海書店出版社，2005 年 1 月）。

41. 徐興无：《讖緯文獻與漢代文化構建》（北京：中華書局，2003 年 3 月）。

42. 馬衡：《凡將齋金石叢稿》（北京：中華書局，1977 年 10 月）。

43. 馬宗霍：《中國經學史》（臺北：臺灣商務印書館，1966 年 9 月）。

44. 馬承源主編：《商周青銅器銘文選》（北京：文物出版社，1998 年 4 月）。

45. 康學偉：《先秦孝道研究》（臺北：文津出版社，1992 年 10 月）。

46. 張岩：《審核古文〈尚書〉案》（北京：中華書局，2006 年 12 月）。

47. 張劍：《晁說之研究》（北京：學苑出版社，2005 年 1 月）。

48. 張濤：《經學與漢代社會》（石家莊：河北人民出版社，2001 年 12 月）。

49. 張嚴：《孝經通識》（臺北：臺灣商務印書館，1970 年 11 月）。

50. 張一兵：《明堂制度源流考》（北京：人民出版社，2007 年 2 月）。

51. 張家山二四七號漢墓竹簡整理小組：《張家山漢墓竹簡〔二四七號墓〕（釋文修訂本）》（北京：文物出版社，2006 年 5 月）。

52. 張湧泉主編、審定，許建平撰：《敦煌經部文獻合集》（北京：中華書局，2008 年 8 月），第四冊。

53. 章太炎：《膏蘭室札記》，收入《章太炎全集（一）》（上海：上海人民出版社，1982 年 2 月）。

54. 章太炎：《春秋左傳讀敘錄》，收入《章太炎全集（二）》（上海：上海人民出版社，1982 年 7 月）。

55. 許建平：《敦煌經籍敘錄》（北京：中華書局，2006 年 9 月）。

56. 許道勛、趙克堯：《唐玄宗傳》（北京：人民出版社，1993 年 1 月）。

57. 郭沂：《郭店竹簡與先秦學術思想》（上海：上海教育出版社，2001 年 1 月）。

58. 陳槃：《古讖緯研討及其書錄解題》（臺北：國立編譯館，1991 年 2 月）。

59. 陳一風：《孝經注疏研究》（成都：四川大學出版社，2007 年 6 月）。

60. 陳文豪：《廖平經學思想研究》（臺北：文津出版社，1995 年 2 月）。

61. 陳金木：《皇侃之經學》（臺北：國立編譯館，1995 年 8 月）。

62. 陳桐生：《史記與今古文經學》（西安：陝西人民教育出版社，1995 年 7 月）。

63. 陳問梅：《墨學之省察》（臺北：臺灣學生書局，1988 年 5 月）。

64. 陳植鍔：《北宋文化史述論》（北京：中國社會科學出版社，1992 年 3 月）。

65. 陳舜政：《論語異文釋》（臺北：嘉新水泥公司文化基金會，1968 年 10 月）。

66. 陳瑞庚：《王制著成之時代及其制度與周禮之異同》（臺北：嘉新水泥公司文化基金會，1972 年 5 月）。

67. 陳鼓應：《管子四篇詮釋——稷下道家代表作解析》（北京：商務印書館，2006 年 4 月）。

68. 陳德述、黃開國、蔡方鹿：《廖平學術思想研究》（成都：四川省社會科學院出版社，1987 年 8 月）。

69. 陳鐵凡編：《敦煌本孝經類纂》（臺北：燕京文化事業股份有限公司，1977 年 6 月）。

70. 陳鐵凡編：《孝經鄭氏解抉微·孝經鄭氏解斠銓》（臺北：燕京文化事業股份有限公司，1977 年 8 月）。

71. 陳鐵凡編：《孝經學源流》（臺北：國立編譯館，1986 年 7 月）。

72. 陶懋炳：《司馬光史論探微》（長沙：湖南師範大學出版社，1989 年 11 月）。

73. 傅隸樸：《春秋三傳比義》（臺北：臺灣商務印書館股份有限公司，2006 年 7 月）。

74. 勞思光：《新編中國哲學史》（臺北：三民書局股份有限公司，2001 年 9 月）。

75. 程元敏：《尚書學史》（臺北：五南圖書出版股份有限公司，2008 年 6 月）。

76. 程俊英、蔣見元：《詩經注析》（北京：中華書局，1991 年 10 月）。

77. 程樹德：《論語集釋》（北京：中華書局，1990 年 8 月）。

78. 馮友蘭：《中國哲學史新編》（臺北：藍燈文化事業股份有限公司，1991 年 12 月）。

79. 黃俊傑：《孟學思想史論（卷一）》（臺北：東大圖書有限公司，1991 年 10 月）。

80. 黃留珠：《秦漢仕進制度》（西安：西北大學出版社，1985 年 7 月）。

81. 黃彰健：《經今古文學問題新論》（臺北：中央研究所歷史語言研究所，1982 年 11 月）。

82. 黃錫全：《汗簡注釋》（武漢：武漢大學出版社，1990 年 8 月）。

83. 黃懷信主編，周懷生、孔德立參編：《論語彙校集釋》（上海：上海古籍

出版社，2008 年 8 月）。

84. 楊天保：《金陵王學研究——王安石早期學術思想的歷史考察（1021——1067）》（上海：上海人民出版社，2008 年 6 月）。

85. 楊向奎：《宗周社會與禮樂文明》（北京：人民出版社，1992 年 5 月）。

86. 楊伯峻：《春秋左傳注》（臺北：洪葉文化事業有限公司，1993 年 5 月）。

87. 楊朝明：《孔子家語通解——附出土資料與相關研究》（臺北：萬卷樓圖書股份有限公司，2005 年 3 月）。

88. 楊新勛：《宋代疑經研究》（北京：中華書局，2007 年 3 月）。

89. 楊樹達：《漢代婚喪禮俗考》（臺北：華世出版社，1976 年 12 月）。

90. 葛兆光：《中國思想史·七世紀前中國的知識、思想與信仰世界》（上海：復旦大學出版社 1998 年 4 月）第 1 卷。

91. 熊鐵基：《秦漢新道家》（上海：上海人民出版社，2001 年 3 月）。

92. 蒲慕州：《葬墓與生死——中國古代宗教之省思》（臺北：聯經出版事業公司，1993 年 6 月）。

93. 趙克堯、許道勛：《唐太宗傳》（北京：人民出版社，1984 年 10 月）。

94. 劉子健，趙冬梅譯：《中國轉向內在——兩宋之際的文化內向》（南京：江蘇人民出版社，2001 年 12 月）。

95. 劉師培：《左盦外集》，收入《劉申叔先生遺書》（臺北：大新書局，1965 年 8 月）第 3 冊。

96. 蔡汝堃：《孝經通考》（臺北：臺灣商務印書館，1967 年 4 月）。

97. 鄧小南：《祖宗之法——北宋前期政治述略》（北京：生活·讀書·新知三聯書局，2006 年 9 月）。

98. 鄧廣銘：《北宋政治改革家王安石》（北京：生活·讀書·新知三聯書局，2007 年 3 月）。

99. 鄭雅如：《情感與制度：魏晉時代的母子關係》（臺北：國立臺灣大學出版委員會，2001 年 9 月，文史叢刊第 114 種）。

100. 蕭公權：《中國政治思想史》（臺北：聯經出版事業股份有限公司，1982 年 3 月）。

101. 蕭群忠：《孝與中國文化》（北京：人民出版社，2001 年 7 月）。

102. 錢穆：《兩漢經學今古文平議》（北京：商務印書館，2001 年 7 月）。

103. 錢穆：《先秦諸子繫年》（北京：商務印書館，2001 年 8 月）。

104. 鍾肇鵬：《讖緯論略》（臺北：洪葉文化事業有限公司，1994 年 9 月）。

105. 嚴耕望：《秦漢地方行政制度》，收入《中國地方行政制度》甲部（臺北：中央研究院歷史語言研究所，1997 年 6 月）。

（二）單篇論文

1. 王夢鷗：〈禮記月令讀後記〉，收入李曰剛等《三禮論文集》（臺北：黎明文化事業股份有限公司，1982 年 10 月）。

2. 内藤湖南，黃約瑟譯：〈概括的唐宋時代觀〉，《日本學者研究中國史論著選譯》（北京：中華書局，1992 年 7 月）。

3. 方震華：〈唐宋政治論述中的貞觀之政——治國典範的辯論〉，《臺大歷史學報》第 40 期（2007 年 12 月）。

4. 王博：〈關於唐虞之道的幾個問題〉，《郭店楚簡研究》，《中國哲學史》1999 年第 2 期。

5. 王正己：〈孝經今考〉，《古史辨》（上海：上海古籍出版社，1982 年 8 月）第 4 冊。

6. 王葆玹：〈試論郭店楚簡各篇的撰作及其背景——兼論郭店及包山楚簡的時代問題〉，《郭店楚簡研究》《中國哲學》第 20 輯（瀋陽：遼寧教育出版社，1999 年 1 月）。

7. 王德毅：〈宋代的聖政和寶訓之研究〉，《宋史研究集》（臺北：國立編譯館，1990 年 4 月）第 30 輯。

8. 王德毅：〈范祖禹的史學與政論〉，《宋史研究論集》（臺北：臺灣商務印書館，1993 年 7 月）。

9. 包弼德，李鍾濤、劉建偉譯：〈政府、社會和國家——關於司馬光和王安石的政治觀點〉，《宋代思想史論》（北京：社會科學文獻出版社，2003 年 12 月）。

10. 甘懷真：〈《大唐開元禮》中的天神觀〉，《皇權、禮儀與經典詮釋：中國古代政治史研究》（臺北：國立臺灣大學出版中心，2004 年 6 月）。

11. 朱海：〈唐玄宗《御注孝經》發微〉，《魏晉南北朝隋唐史資料》第 19 輯（2002 年 11 月）。

12. 朱海：〈唐玄宗御注《孝經》考〉，《魏晉南北朝隋唐史資料》第 20 輯（2003 年 12 月）。

13. 朱榮貴：〈郭店楚簡的孝道思想〉，《經學研究論叢》第 6 輯（1999 年 3 月）。

14. 池田知久，曹峰譯：〈《老子》兩種「孝」和郭店楚簡《語叢》的「孝」〉，收入《池田知久簡帛研究論集》（北京：中華書局，2006 年 2 月）。

15. 何澤恆：〈論語「父在觀其志」章義辨——兼論孔門孝義〉，收入《先秦儒道舊義新知錄》（臺北：大安出版社，2004 年 8 月）。

16. 何蘭若，王振華譯：〈《古文孝經孔氏傳》的回傳〉，《文獻》1998 年第 3 期（7 月）。

17. 吳哲夫：〈中日孝經書緣〉，《故宮文物月刊》第 6 卷第 9 期（1988 年 12 月）。

18. 呂妙芬：〈晚明士人論《孝經》與政治教化〉，《臺大文史哲學報》第 61 期（2004 年 11 月）。

19. 呂妙芬：〈晚明《孝經》論述的宗教性意涵：虞淳熙的孝論及其文化脈絡〉，《中央研究院近代史研究所集刊》第 48 期（2005 年 6 月）。

20. 呂妙芬：〈做爲蒙學與女教讀本的《孝經》──兼論其文本地位的歷史變化〉，《臺大歷史學報》第 41 期（2008 年 6 月）。

21. 李德超：〈敦煌本孝經校讎〉，《第二屆敦煌學國際研討會論文集》（臺北：漢學研究中心，1991 年 6 月）。

22. 李學勤：〈日本膽澤城遺址出土《古文孝經》論介〉，《孔子研究》1988 年第 4 期（12 月）。

23. 李學勤：〈竹簡《家語》與漢魏孔氏家學〉，《簡帛佚籍與學術史》（臺北：時報文化出版企業有限公司，1994 年 12 月）。

24. 李學勤：〈《今古學考》與《五經異義》〉，《失落的文明》（上海：上海文藝出版社，1997 年 12 月）。

25. 李衡眉：〈宋代宗廟中的昭穆制度問題〉，《河南大學學報（社會科學版）》第 34 卷第 4 期（1994 年 7 月）。

26. 杜正勝：〈墨子兼愛非無父辨〉，《史原》第 3 期（1972 年 9 月）。

27. 杜萌若：〈漢代的「古今文字」與經「古今學」〉，《經學今詮續編》《中國哲學》第 23 輯（2001 年 10 月）。

28. 周富美：〈韓非思想與墨家的關係〉，《墨子、韓非子論集》（臺北：國家出版社，2008 年 1 月）。

29. 定縣漢墓竹簡整理組：〈定縣 40 號漢墓出土竹簡簡介〉，《文物》1981 年第 8 期（8 月）。

30. 林秀一：〈仁治本古文孝經經解說〉，《孝經學論集》（東京：明治書院，1976 年 11 月）。

31. 林秀一：〈邢昺の孝經注疏校定に就いて〉，《孝經學論集》（東京：明治書院，1976 年 11 月）。

32. 林惠勝：〈試說南朝孝倫理：以《南史・孝義傳》爲主的析論〉，《暨大學報》第 4 卷第 2 期（2002 年 7 月）。

33. 河又正司，鍋島亞朱華譯：〈注疏分合的問題〉，《中國文哲研究通訊》第 10 卷第 4 期（2000 年 12 月）。

34. 河北省文物研究所：〈河北定縣 40 號漢墓發掘報告〉，《文物》1981 年第 8 期（8 月）。

35. 河北省文物研究所定州漢簡整理小組：〈定州西漢中山懷王墓竹簡《文子》釋文〉，《文物》1995 年第 12 期（12 月）。

36. 金發根：〈讖緯思想下的東漢政治和經學〉，刊於《沈剛伯先生八秩榮慶論文集》（臺北：聯經出版事業公司，1976 年 12 月）。

37. 柯金木：〈邢昺《孝經正義》研究〉，《孔孟學報》第 79 期（2001 年 9 月），頁 127～130。

38. 柳立言：〈何謂「唐宋變革」？〉，《中華文史論叢》總第 81 輯（2006 年 3 月）。

39. 洪業：〈半部論語治天下辨〉，《洪業論學集》（臺北：明文書局股份有限公司，1982 年 7 月）。

40. 胡平生：〈日本《古文孝經》孔傳的真偽問題〉，《文史》第 23 輯（1984 年 11 月）。

41. 夏長樸：〈晁說之與《晁氏客語》的關係〉，《國立編譯館館刊》第 29 卷 1 期（2000 年 6 月）。

42. 夏長樸：〈一道德以同風俗——王安石新學的歷史定位及其相關問題〉，《中國經學》第 3 輯（2008 年 4 月）。

43. 徐復觀：〈中國孝道思想的形成演變及其歷史中的諸問題〉，《中國思想史論集》（臺北：臺灣學生書局，1975 年 5 月）。

44. 徐規、楊天保：〈走出「荊公新學」——對王安石學術演變形態的再勾勒〉，《浙江大學學報（人文社會科學版）》第 35 卷第 1 期（2005 年 1 月）。

45. 張美煜：〈荀子引用《詩經》的方法與涵義〉，《（國立臺灣師範大學）國文學報》第 24 期（1995 年 6 月）。

46. 張寶三：〈儒家經典詮釋傳統中注與疏之關係〉，《孔學與二十一世紀國際學術研討會論文集》（臺北：國立政治大學，2001 年 10 月）。

47. 陳槃：〈讖緯釋名〉，《國立中央研究院歷史語言研究所集刊》第 11 本（1971 年 1 月）。

48. 陳子展：〈孝經在兩漢六朝所產生的影響〉，《復旦學報》第 4 期（1937 年 1 月）。

49. 陳以鳳：〈今本《古文孝經》孔傳成書問題考辨〉，《孝感學院學報》第 29 卷第 5 期（2009 年 9 月）。

50. 陳金木：〈敦煌本孝經鄭氏解義疏作者問題重探〉，《嘉義師院學報》第 4 期（1990 年 11 月）。

51. 陳寅恪：〈陶淵明之思想與清談之關係〉，《陳寅恪先生全集》（臺北：九思出版有限公司，1977 年 12 月）。

52. 陳萍萍：〈唐玄宗御注《孝經》始末〉，《台州師專學報》第 18 卷第 5 期（1996 年 10 月）。

53. 陳鴻森：〈劉氏《論語正義》參正〉，《王叔岷先生八十壽慶論文集》（臺北：大安出版社，1993 年 6 月）。

54. 陳鴻森：〈《續修四庫全書總目提要》孝經類辯證〉，《中央研究院歷史語言研究所集刊》第 69 本第 2 分（1998 年 6 月）。

55. 陳鴻森：〈孝經學史叢考〉，《嚴耕望先生紀念論文集》（臺北：稻鄉出版社，1998 年 10 月）。

56. 陳鴻森：〈唐玄宗孝經序「舉六家之異同」釋疑——唐宋官修注疏之一側面〉，《中央研究院歷史語言研究所集刊》第 74 本第 1 分（2003 年 3 月）。

57. 彭林：〈子思作《孝經》說新論〉，《中國哲學史》2000 年第 3 期。

58. 湖北省荊門市博物館：〈荊門郭店一號楚墓〉，《文物》1997 年第 7 期（7 月）。

59. 舒大剛：〈論日本傳《古文孝經》決非「隋唐之際」由我國傳入〉，《四川大學學報（社會科學版）》總 119 期（2002 年 2 月）。

60. 舒大剛：〈今傳司馬光《古文孝經指解》「合編本」之時代與編者考〉，《中國文哲研究通訊》第 12 卷第 3 期（2002 年 9 月）。

61. 舒大剛：〈試論大足石刻范祖禹書《古文孝經》的重要價值〉，《四川大學學報（哲學社會科學版）》總 124 期（2003 年 1 月）。

62. 舒大剛：〈宋代《古文孝經》的流傳與研究評述〉，《宋代經學國際研討會論文集》（臺北：中央研究院中國文哲研究所，2006 年 10 月）。

63. 黃俊傑：〈宋儒對孟子政治思想的爭辯及其蘊含的問題〉，《孟學思想史論》（臺北：中央研究院中國文哲研究所，2006 年 12 月）。

64. 楊華：〈論《開元禮》對鄭玄和王肅禮學的擇從〉，《中國史研究》2003 年第 1 期（2 月）。

65. 楊倩描：〈宋代郊祀制度初探〉，《世界宗教研究》1988 年第 4 期（12 月）。

66. 楊家駱：〈清代孝經學考（上）〉、《學粹》第 3 卷第 1 期（1960 年 12 月）。

67. 楊家駱：〈清代孝經學考（下）〉，《學粹》第 3 卷第 3 期（1961 年 2 月）。

68. 楊晉龍：〈神統與聖統——鄭玄王肅「感生說」異解探義〉，《中國文哲研究集刊》第 3 期（1999 年 3 月）。

69. 寧鎮疆：〈八角廊漢簡《儒家者言》與《孔子家語》相關章次疏證〉，《古籍整理研究學刊》第 5 期（2004 年 9 月）。

70. 廖名春：〈郭店楚簡引《詩》論《詩》考〉，《經學今銓初編》，《中國哲學》第 22 輯（瀋陽：遼寧教育出版社，2000 年 6 月）。

71. 廖伯源：〈漢代仕進制度新考〉，收入《簡牘與制度——伊灣漢墓簡牘官文書考證》（臺北：文津出版社，1998 年 8 月）。

72. 裴溥言：〈荀子與詩經〉，《國立臺灣大學文史哲學報》第 17 期（1968 年

6 月）。

73. 劉寧：〈韓愈「博愛之謂仁」說發微——兼論韓愈思想格局的一些特點〉，《中國典籍與文化》2006 年第 3 期（2006 年 3 月）。

74. 劉祖信：〈荊門郭店楚墓竹簡概述〉，收入涂宗流、劉祖信：《郭店楚簡先秦儒家佚書校釋》（臺北：萬卷樓圖書有限公司，2001 年 2 月）。

75. 蔡娟穎：《論語邢昺疏研究》，刊於《國立臺灣師範大學國文研究所集刊》第 33 號（1991 年 6 月）。

76. 鄧廣銘：〈宋朝的家法和北宋的政治改革運動〉，《鄧廣銘治史叢稿》（北京：北京大學出版社，1997 年 3 月）。

77. 魯迅：〈魏晉風度及文章與藥及酒之關係〉，《而已集》，收入《魯迅全集》（北京：人民文學出版社，2005 年 11 月）。

78. 錢穆：〈中國思想史中之鬼神觀〉，《靈魂與心》（臺北：聯經出版事業公司，1976 年 2 月）。

79. 錢穆：〈略論魏晉南北朝學術文化與當時門第之關係〉，《中國學術思想史論叢（三）》（臺北：聯經出版事業公司，1998 年 5 月，錢賓四先生全集）第 19 冊。

80. 濮傳真：〈南朝孝經學與玄理之關係〉，《孔孟月刊》第 32 卷第 8 期（總第 380 期，1994 年 4 月）。

81. 韓明士，吳豔紅譯：〈陸九淵，書院與鄉村社會問題〉，《宋代思想史論》（北京：社會科學文獻出版社，2003 年 12 月）。

82. 簡澤峰：〈荀子引《詩》用《詩》及其相關問題〉，《興大中文學報》第 19 期（1996 年 6 月）。

83. 譚德興：〈論鄭珍對日本《古文孝經孔氏傳》之辨偽〉，《遵義師範學院學報》第 9 卷第 4 期（2007 年 8 月）。

84. 嚴靈峰：〈現存墨子諸篇內容之分析及其作者的鑑定〉，《無求備齋學術論集》（臺北：臺灣中華書局，1969 年 6 月）。

85. 顧永新：〈日本傳本《古文孝經》回傳中國考〉，《北京大學學報（哲學社會科學版）》第 41 卷第 2 期（2004 年 3 月）。

86. 顧永新：〈《孝經鄭注》回傳中國考〉，《文獻季刊》2007 年第 3 期（7 月）。

（三）學位論文

1. 方炫琛：《春秋左傳劉歆偽作竄亂辨疑》（臺北：國立政治大學中國文學研究所碩士論文，1979 年，周何先生指導）。

2. 吳政哲：《崇緯抑讖：東漢到唐初讖緯觀念的轉變》（臺北：國立臺灣大學歷史學研究所碩士論文，甘懷真先生指導，2007 年）。

3. 李威熊：《馬融之經學》（臺北：國立政治大學中國文學研究所博士論文，

高仲華先生、熊公哲先生指導，1975 年）。

4. 林佩儒：《〈孝經〉孝治思想研究》（臺北：國立政治大學中國文學研究所碩士論文，劉又銘先生指導，1999 年）。

5. 林啓屏：《先秦儒法思想中的血緣問題與國家》（臺北：國立臺灣大學中國文學研究所博士論文，張亨先生指導，1995 年）。

6. 侯希文：《〈孝經〉作者考》（西安：西北大學碩士論文，李學勤先生、黃懷信先生指導，2001 年）。

7. 洪春音：《緯書與兩漢經學關係之研究》（臺中：私立東海大學中國文學系博士論文，陳鴻森先生指導，2002 年）。

8. 范麗梅：《郭店儒家佚籍研究——以心性問題爲開展之主軸》（臺北：國立臺灣大學中國文學研究所碩士論文，黃沛榮先生指導，2002 年）。

9. 張磊：《〈大戴禮記〉「曾子十篇」研究》（曲阜：曲阜師範大學，楊朝明先生指導，2004 年）。

10. 張寶三：《五經正義研究》（臺北：國立臺灣大學中國文學研究所博士論文，張以仁先生指導，1992 年）。

11. 曾怡嘉：《先秦至漢初儒家孝道思想之演變》（嘉義：國立中正大學中國文學研究所碩士論文，劉文起先生指導，2002 年）。

12. 楊儒賓：《中國古代天人鬼神交通之四種類型及意義》（臺北：國立臺灣大學中國文學研究所博士論文，張亨先生指導，1986 年）。

13. 劉秀蘭：《化經學爲心學——論慈湖之經學思想與理學之開新》（臺北：國立臺灣大學中國文學研究所碩士論文，何澤恆先生指導，1999 年）。

14. 鄭靖暄：《先秦稱〈詩〉及其〈詩經〉詮釋之研究》（臺北：國立臺灣大學中國文學研究所碩士論文，張寶三先生指導，2004 年）。